Lösungsvorschläge: Prüfungstraining – Essay
Arbeitsheft mit Lösungen

Kapitel 1 · Klärung der Frage: Was ist ein Essay?

Seite 4

Aufgabe 1

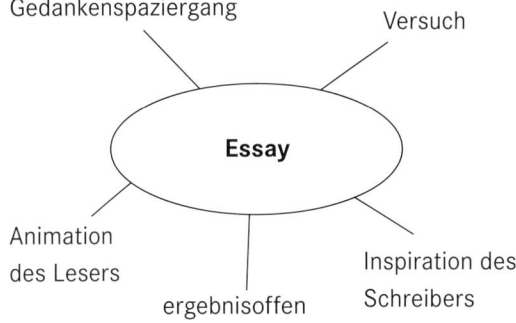

Inhalt, Sprache und Stil des Essays

Seite 5

Aufgabe 1

Begriffe, die auf den Essay zutreffen: künstlerisch anspruchsvoll, geistreich, ironische Skepsis gegenüber Absolutheitsanspruch der Wahrheit, elegante Leichtigkeit, mosaikhaft, locker, Verzicht auf erschöpfende Analyse, Vermittlung individueller Erkenntnisse, offene Form

Begriffe, die auf den Essay nicht zutreffen: beschränkt auf Sachlichkeit, objektiv argumentierend, belehrend, analysierend, stilistisch klar und nüchtern, zielorientiert

Aufgaben 2 und 3
Material 1:

Textsorte: Auszug aus einem Essay zum Thema Gerichtssoaps
Sprache und Stil
- viele Metaphern („unselige Schlammschlacht", Z. 1, „moralisches Nirwana" (Z. 1)
- Ironie („Schlüpfer und Hosentürl werden jetzt im Namen der demokratischen Gerechtigkeit inspiziert, es muss ja sein.", S. 2 ff.)
- Rhetorische Fragen („Bedeutet das nun, wie manche Medientheoretiker meinen, eine Demokratisierung des Fernsehens? Wachsendes öffentliches Interesse an der Rechtsprechung?", Z. 6 ff.)
- stilistisch-heitere Betrachtung mit leicht ironischem Unterton, ohne Anspruch, wirklich recht zu haben

Intention: Der Autor will unterhalten und ermuntern, über das Nachmittagsprogramm im Fernsehen selbst etwas genauer nachzudenken. Gleichzeitig will er den Show-Charakter dieser Sendeformate herausstellen und damit Aufklärungsarbeit leisten.

Material 2:

Textsorte: Auszug aus einer Stellungnahme zum Thema „Super Nanny"
Sprache und Stil: nüchtern, sachlich, normativ argumentierend, Zahlenmaterial als Beleg
Intention: Kritik am Sendeformat Super Nanny, Hinweis auf Gefährlichkeit der Vereinfachung der Erziehungsaufgaben

Kapitel 2 · Cluster zum Thema

Seite 8

Aufgabe 1
Cluster: indviduelle Lösung

Kapitel 3 · Materialien sichten und Informationen verwerten

Seite 9

Aufgabe 1

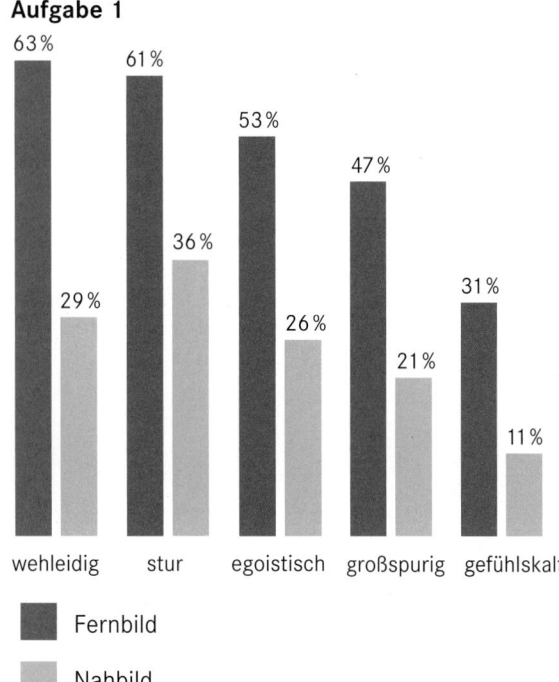

wehleidig 63% / 29%
stur 61% / 36%
egoistisch 53% / 26%
großspurig 47% / 21%
gefühlskalt 31% / 11%

■ Fernbild
■ Nahbild

Die Schaubildbeschreibung

Seite 10

Aufgabe 1

a) Art des Diagramms:
- zwei Liniendiagramme vertikal gestaltet
- blaue Farbe: zeigt Interessen der Männer, rote Farbe: zeigt Interessen der Frauen
- Interessen: gelistet nach der Häufigkeit der Nennungen beim weiblichen Geschlecht

b) Spitzenplätze:
- weibliche Interessen: Kochen, Ernährung, lokale Ereignisse, Reisen und Wohnen (Dominanz des häuslichen Betätigungsfeldes mit drei Nennungen)
- männliche Nennungen: lokale Ereignisse, Sport, Reisen, Heimwerken, Kapitalanlagen

Gemeinsamkeiten:
- Interesse an lokalen Ereignissen, dem Reisen im vorderen Feld, im mittleren Bereich stehen die Themengebiete Natur und Umwelt sowie die Weiterbildung und der Garten

c) Differenzen: Kochen, Autos, Heimwerken, Sport und Ernährung

Kapitel 4 · Abstracts verfassen

Der Textabstract

Seite 13

Aufgabe 1

a) Konjunktivformen fett markiert:
Einleitend führt der Verfasser verschiedene Gründe an, weshalb Männer Frauen eher schwierig **fänden**. So **sei** eine Frau häufig auf jüngere Konkurrentinnen eifersüchtig, **kritisiere** den Mann ständig, um ihn zu perfektionieren und **verwechsle** körperliche Intimität mit Liebe. Schwierig **sei** auch, dass die Frau einerseits die Nähe zum Mann **suche**, gleichzeitig aber den Freiraum der Selbstverwirklichung **beanspruche**. Am Beispiel eines Singles wird darauf hingewiesen, dass die Kontaktaufnahme durch das Internet erleichtert wird. So hat eine Untersuchung ergeben, dass nach Beruf und Clique die Kontaktbörsen im Web die besten Chancen bieten, wenn man auf der Suche nach einer Beziehung ist. (98 Wörter)

b) In dem Moment, in dem sich der Abstract den Ergebnissen der Umfrage zuwendet, findet der Wechsel vom Konjunktiv zum Indikativ statt, weil es nun um die Wiedergabe von Fakten und nicht um Fremdmeinungen geht.

Aufgabe 2

redebezeichnende Verben: unterstellen, in Frage stellen, erklären, gegenüberstellen, betonen, kritisieren, fortfahren, zustimmen, akzentuieren, herausgreifen, hervorheben, prüfen feststellen, sich beklagen.

Aufgabe 3

Abstract zu Material 3 (Seite 9): Der Text fasst die Ergebnisse einer Umfrage zusammen und kommt zu dem Ergebnis, dass die Frauen die Männer allgemein schlechter bewerten als diejenigen, die sie persönlich kennen. So geben über 60 Prozent der befragten Frauen an, dass sie Männer grundsätzlich für wehleidig und stur halten; für das persönliche Umfeld wird der Prozentwert erheblich geringer, da hier die Werte bei 29 Prozent (Wehleidigkeit) und 36 Prozent (Sturheit) liegen. Ähnliches gilt, wenn auch in abgeschwächter Form, für die Persönlichkeitsmerkmale Egoismus, Arroganz und Gefühlskälte. (81 Wörter)

Abstract zu Material 4 (Seite 10): Die Geo-Grafik stellt die Ergebnisse einer Umfrage zu typisch männlichen und typisch weiblichen Interessen in Form zweier vertikal verlaufender Liniendiagramme dar. Während bei den befragten Frauen das Kochen mit 49 Prozent den Spitzenplatz belegt, ist das Interesse an lokalen Ereignissen mit 47 Prozent bei den Männern auf dem Spitzenplatz. Weitere Spitzenplätze belegen bei den Frauen die Ernährung (47 Prozent) und lokale Ereignisse (45 Prozent). Bei den Männern sind Sport (39 Prozent) und Reisen (37 Prozent) vorne. Auffallend ist, dass das Auto bei Frauen weit abgeschlagen am Schluss landet, während es bei Männern im oberen Drittel zu finden ist. (93 Wörter)

Der Abstract zu diskontinuierlichen Texten – die Karikatur

Seite 15

Aufgabe 1
Abstracts zu Karikaturen: individuelle Lösungen

Kapitel 5 · Informative und argumentative Passagen verfassen

Argumentieren

Seite 17

Aufgabe 1
These 2	Auch die Frauen beteiligten sich an der Jagd,
Argument	da die Treibjagden einen hohen personellen Aufwand forderten.
Beleg	–
These 3	Die Evolution zur Erklärung von rollenspezifischen Verhaltensmustern heranzuziehen ist fragwürdig,
Argument	weil der Einfluss des Erbgutes auf das Verhalten der Menschen noch nicht ausreichend untersucht worden ist.
Beleg	In vielen Bereichen haben sich sowohl Männer als auch Frauen sehr viel schneller den veränderten Gegebenheiten angepasst, als dies aus evolutionsbiologischer Perspektive möglich wäre.
Resümee	Die Rollenklischees, die Männern und Frauen typische Verhaltensmuster unterstellen, werden aussterben.

Aufgabe 2
Abstract: individuelle Lösung, die die erarbeitete Argumentation wiedergibt

Die Auseinandersetzung mit Klischees

Seite 18

Aufgaben 1 und 2
Positionierung bzgl. Rollenklischees: Die Gegenüberstellung sollte herausstellen, dass hier weitestgehend Vorurteile formuliert worden sind, die zwar punktuell auf einzelne Männer oder Frauen zutreffen können, aber ihrem Wesen nach mehr oder weniger unzulässige Verallgemeinerungen darstellen.

Rhetorikkurs I: Enumeratio, Analogie, Antithese

Seite 19

Aufgabe 1
Ausformulierungen: individuelle Lösungen

Kapitel 6 · Expressive Passagen verfassen

Seite 20

Aufgabe 1
Analyse von Material 10 hinsichtlich expressiver Passagen und Argumentation:

Text	Auffälligkeiten
Ich persönlich finde es ärgerlich, wenn Eltern ihre Kinder immer noch nach einem klischeehaften Rollenverständnis erziehen. Das beginnt doch bereits bei der lächerlichen Farbauswahl der Strampelhosen: blau für **gestandene** Jungs, rosa für **verzärtelte** Mädchen! Und so geht es über Jahre hinweg weiter: Die Puppenküche für das Mädchen, das Fahrrad für den Jungen, sie geht zum	Ich-Botschaft mit emotionaler Regung: Ausdruck von Unmut Versteckte These: Das klischeehafte Rollenverständnis behindert die Entwicklung des Kindes. Parteinahme für die Mädchen mit aggressivem Unterton, dokumentiert durch die unterschiedlich konnotierten Adjektive und das Ausrufezeichen.

	Text	Auffälligkeiten
10	Ballett und zum Reiten, er darf Fußball spielen und Tennis. Es ist unglaublich, was Eltern hier anrichten, <u>dass sie bereits in Kindheit und Jugend ihre Kinder in Geschlechterrollen zwängen, die deren</u>	
15	<u>Persönlichkeitsentwicklung maßgeblich beeinflussen</u>. Und die **Ungerechtigkeit** geht ja weiter. Er darf mit 14 Jahren bereits bis 24 Uhr mit den Kumpels auf Party – ja Gott, <u>was soll dem Bub denn auch geschehen?</u>	These: Erziehung behindert die Entfaltung des Kindes Wertung: Ungerechtigkeit Scheinzitat als zynische Wendung
20	<u>hen?</u> Sie hingegen hat spätestens um 22 Uhr zu Hause zu sein; Gefahren lauern überall und strenge **Kasernisierung** ist der beste Schutz vor Ungemach. Und zu guter Letzt: Er wechselt alle vierzehn Tage seine	Hyperbel: Elternhaus als Kaserne
25	Freundin, was den Stolz des Vaters anrührt; <u>ja, der bewegt was bei den Frauen.</u> Sie hingegen wird von der Mutter zur Brust genommen, weil sie nach einem halben Jahr mit dem Freund wegen eines anderen	Erneut sehr bissiges Scheinzitat, das das unterschiedliche Bewertungsraster anprangert
30	Schluss gemacht hat. <u>Rollenklischees – wohin man schaut – und keiner regt sich noch darüber auf ... außer mir.</u>	Expressiver Schlusssatz, der die Befindlichkeit des Verfassers noch einmal klar herausstellt.

Seite 21

Aufgabe 2
Argumentationsstruktur

Arbeitshypothese: Frauen sind billige Arbeitskräfte ohne nennenswerte Karrieremöglichkeiten und arbeiten unter miserablen Rahmenbedingungen.
↓
Gegenthese 1: Männer arbeiten oft unter den schlechteren Bedingungen, weil auch in den klassischen Männerjobs harte Arbeitsbedingungen herrschen, wie ein Handbuch unter Beweis stellt. Die schlechtesten Berufe werden von Männern verrichtet.
↓
Analogie zur Thesenerhärtung: Arbeitsplatz – Tote in Vietnam; zynische und nicht ernst zu nehmende Ausnahme: Beruf des Tänzers.
↓
These 2: Männer sind auch in Europa härteren Arbeitsbedingungen ausgesetzt, weil sie laut Statistik schwerer und häufiger erkranken als Frauen. Vor allem der Tod durch Krebs trifft Männer sehr viel häufiger als Frauen.

Beurteilung der Argumentation: Die Argumentation zielt darauf ab, die Arbeitshypothese zu widerlegen. Das gelingt in den Teilaspekten „Gesundheit und Krankheit" am Arbeitsplatz. Damit ist aber ein grundsätzliches Problem, das auch in Deutschland, aber vor allem weltweit immer noch vorhanden ist, nicht angesprochen: Es geht ja darum, dass Frauen für die gleiche Arbeit schlechter entlohnt werden. Und auch für diese Tatsachen gibt es Statistiken. In der Argumentation fehlt der Aspekt der schlechten Karrieremöglichkeiten sowie der gerechten Entlohnung.

Aufgabe 3
Stellungnahme: individuelle Lösung

Rhetorikkurs II: Hyperbel, Superlativ, Litotes, Vergleich und Metapher

Seite 23

Aufgabe 1
Mögliche Verwendungen der konkreten Substantive als Vergleiche und Metaphern:

Riss	Als er mich beleidigt hat, ist ein Riss durch unsere Beziehung gegangen.
Herz	Das Herz blutet mir, wenn ich sehe …
Sprung	Kaum sind die Kinder wach, ist man permanent auf dem Sprung.
Hürde	Der Wiedereinstieg in den Beruf ist für Frauen eine besonders hohe Hürde.
Ballast	Männer erfahren das Familienleben wie Ballast, den man gerne abschütteln würde.
Meer	Ein Meer an Herausforderungen …
Wand	Wie eine Wand, gegen die man ständig anrennt und die man nicht überwinden kann …
Drahtseilakt	Die Balance zwischen Familie und Beruf gleicht einem Drahtseilakt.
freier Fall	Wer diesen Drahtseilakt nicht bewältigt, stürzt im freien Fall ins Chaos.
Vakuum	Der Gesetzgeber hat hier ein rechtliches Vakuum gelassen.
Abgrund	Die mangelnde Bereitschaft, Ja zu Kindern zu sagen, führt uns in den Abgrund.
Marionette	Frauen kommen sich häufig wie Marionetten vor – in allen Bereichen fremdbestimmt.
Fußabtreter	So fühlt man sich wie ein Fußabtreter.
Narr	Man kommt sich vor wie ein Narr.
Glas	Beziehungen sind zerbrechlich wie Glas.
Scherbenhaufen	Wenn Beziehungen scheitern, stehen alle Beteiligten vor einem Scherbenhaufen.
Folterkammer	Man kommt sich vor, als sei man in eine Folterkammer geraten …
Nest	… und sehnt sich nach einem Nest, das Geborgenheit und Schutz bietet und …
ein gemachtes Bett	… ein gemachtes Bett, in das man sich fallen lassen kann.

Kapitel 7 · Appellative Passagen verfassen

Seite 25

Aufgabe 1

Aspekte der Elternzeit für Väter:

Pro-Argumente, z. B.:
- entspricht der Gleichberechtigung.
- Väter lernen sich von Rollenklischees zu verabschieden.
- Intensivierung der Beziehung zum Kind
- Sozialverhaltenskompetenz wächst.

Contra-Argumente, z. B.:
- Frauen wären gezwungen, früher abzustillen.
- Frauen verdienen in der Regel weniger, finanzielle Einbußen für die Familie.
- Männer müssen mit Benachteiligungen beim Wiedereintritt ins Arbeitsleben rechnen.
- Frauen haben aufgrund von Schwangerschaft und Geburt ein intensiveres Verhältnis zum Kind.

Aufgaben 2 und 3

Adressatengruppen, z. B.

- Politiker: Elternzeit verlängern, finanzielle Rahmenbedingungen verbessern
- Gesellschaft: Akzeptanz erziehender Väter vergrößern
- Einzelner: Aufgabe des Rollenklischees, nur Frauen könnten erziehen
- Initiativen: Väter in den Städten sollten Gruppen gründen, sich unterstützen
- Schulen: Kampf gegen Rollenklischees in Gemeinschaftskunde, Ethik, Religion

Rhetorikkurs III: Imperativ, Aufforderung als Bitte, Ellipse, rhetorische Frage, Klimax und Trias

Seite 27

Aufgabe 1
Rhetorische Figuren:

Beispiel	rhetorische Figur	eigene Formulierung
Ich flehe alle jungen Familienväter an, auch einmal für einige Monate zu Hause zu bleiben und die Tätigkeiten einer Mutter zu verrichten.	Bitte	individuelle Lösung
Die Eltern sind in einer prekären Lage: Daran müssen wir alle etwas ändern.	Imperativ	individuelle Lösung
Welche Frau würde denn freiwillig arbeiten gehen, wenn das Kind zu Hause sie doch so dringend braucht?	rhetorische Frage	individuelle Lösung
Der moderne Mann muss sich in völlig neuen Rollen zurechtfinden: Ernährer, Lover, Erzieher.	Trias	individuelle Lösung
In unserer Gesellschaft werden die Väter, die in Elternzeit gehen, belächelt, verspottet, als Weicheier beschimpft.	Klimax	individuelle Lösung
Deshalb mein Schlussappell: Her mit den jungen Vätern!	Ellipse	individuelle Lösung

Kapitel 8 · Fiktionale Passagen verfassen

Seite 28

Aufgabe 1
Untersuchung, wie die Verfasserin zum Thema gelangt: Sie erzählt eine Begegnung, die sich an einer Londoner Bushaltestelle zugetragen hat, ein Gespräch mit einer Spanierin, gegenüber der sie die Freiheit Londons verteidigen will, was jedoch im Gegensatz zu ihrem momentanen Gefühl steht.

Seite 29

Aufgabe 2
Analyse der sprachlichen Mittel:

Sprachliches Mittel	Textbeleg
Klimax	„kalt und unfreundlich und dreckig" (Z. 10)
rhetorische Frage	„Wie soll ich mich fühlen?" (Z. 9)
Trias	„getrunken, getanzt, geküsst" (Z. 24) „Vorschriften, Traditionen, Pflichten" (Z. 26)
Ausruf	„Ja, fantastisch!" (Z. 13)

Aufgabe 3

Hinweise zu den Szenarien:

Szenario I: Traumsequenz

In dem Gespräch sollten die Defizite der jeweiligen Stereotypen deutlich werden; die Verkürzung des Menschen, unabhängig ob männlich oder weiblich, auf eine gesellschaftlich festgelegte Rolle verhindert die Identitätsfindung. Dabei könnte auch deutlich werden, dass offensichtliche Schwächen in der eigenen Persönlichkeit im Gespräch als unbestrittene Tugenden herausgestellt werden.

Szenario II: Akustisches Intermezzo

Hier sollte thematisiert werden, dass Grönemeyer ganz bewusst die männlichen Stereotypen, die in einer Gesellschaft vorherrschen, durchdekliniert. Dennoch unterlässt er es, in eine urteilende Haltung zu kommen – der Song hält sich in der Schwebe zwischen Ernst und Ironie. Darüber hinaus könnten im Selbstgespräch diese Rollenfixierungen problematisiert werden, z. B. dass der Mann keine Schwächen zeigen darf.

Szenario III: Zeitreise

- In der männlichen Perspektive könnte der mühselige Alltag des Hausmannes herausgestellt werden; auch seine Angst, ob die Frauen auch heil nach Hause kommen, Beute mitbringen, Sklaven machen, könnte hier thematisiert werden. Am Abend dann könnten die Erleichterung und der Stolz, nachdem die Frauen siegreich nach Hause gekommen sind und ihren Triumph mit einem Gelage feiern, bei dem die Männer bedienen, dargestellt werden.
- Aus der weiblichen Perspektive wäre es interessant darzustellen, dass die Männer nur dann wahrgenommen werden, wenn sie etwas falsch machen. Die Vorbereitung auf den Tag mit Jagd oder Kampf steht im Mittelpunkt – der Mann spielt im Leben der Amazonen kaum eine Rolle. Nur als Dienstleister und Erhalter der Art hat er eine Funktion.

Szenario IV: Fiktiver Dialog

Im Dialog sollten die Rollenfixierungen angesprochen werden; die Vereinfachung des Frauenbildes auf die drei großen Ks (Kinder, Küche, Kirche) könnte ebenfalls problematisiert werden. Dem Vorwurf der Trivialität solcher Illustrierten könnte ihr Unterhaltungswert entgegengesetzt werden. Wer viel arbeitet, darf sich der Muße einer leichten Unterhaltung hingeben.

Rhetorikkurs IV: Anapher, Epipher, Parallelismus, Euphemismus, Personifikation

Seite 32

Aufgabe 1

Abstraktum / Konkretum	Personifikation
Die Arbeit	verzaubert alle.
Freundschaft	siegt immer.
Der Motor	ist ein schlechter Berater.
Das Parfum	streikt.
Wahrheit	ruht nie.
Eifersucht	ist ein treuer Begleiter.

Zuordnungen (laut Pfeilen):
- Die Arbeit → ruht nie.
- Freundschaft → ist ein treuer Begleiter.
- Der Motor → streikt.
- Das Parfum → verzaubert alle.
- Wahrheit → siegt immer.
- Eifersucht → ist ein schlechter Berater.

Kapitel 9 · Ironische Passagen

Seite 33

Aufgaben 1 und 2

Analyse des Textes:

Text	Sprachanalyse
Wer schön ist, muss leiden	Abänderung eines bekannten Aphorismus, weckt Interesse
Wie begrüßen sich plastische Chirurgen? Was machst du denn heute wieder für ein Gesicht!	Witz
Unser Dorf soll schöner werden. Unsere Dorfschönheiten auch. Wie viel in Deutschland **operativ** der Natur **nachgeholfen** wird, verdeutlichte im Sommer 2008 eine neue Studie zum Thema Fettabsaugen – ausgerechnet vom Ministerium für Ernährung und Landwirtschaft. **Die wollten wohl wissen, wo der Butterberg geblieben ist.** Die nackten Zahlen: Eine halbe Million Deutsche lässt sich jedes Jahr verschönern – rein rechnerisch wären also in 160 Jahren alle Deutschen schön. Doch dann könnte man gleich wieder von vorne anfangen. Allein deshalb ist das schon **Quatsch**. Aber Hand aufs Herz: **Wer hat nicht schon mal daran gedacht, sich operieren zu lassen? Oder wenigstens seinen Partner?** Vorsicht: Bei rund 20 Prozent der plastischen Operationen kommt es zu Komplikationen. Und beim Fettabsaugen gibt es sogar immer wieder Todesfälle, gerade weil es nicht von Fachärzten durchgeführt werden muss, sondern jeder Arzt es offiziell machen darf. So kommt auch der Zahnarzt auf die Idee, er könne sich mit seinem **Speichelsauger** noch etwas dazuverdienen. Und der Orthopäde denkt das auch und nimmt gleich den **Staubsauger**. Der Schönheitswahn geht immer früher los. Jedes fünfte Kind zwischen neun und 14 Jahren wünscht sich bereits einen chirurgischen Eingriff oder Tattoos oder Piercings. **Liebe Jugendliche,** mal was ganz Grundsätzliches zu dem Thema Piercing: Die **Anzahl der Löcher** am menschlichen Körper ist völlig ausreichend. **Nehmt euch Zeit, deren Funktionen zu erkunden, damit habt ihr bis 18 genug zu tun.** Ich habe schon Multi-Gepiercte im Krankenhaus gesehen. Die wollten da gar nicht hin, aber diese wandelnden **Altmetall-Deponien** gingen just in dem Moment draußen auf der Straße vorbei, als der Kernspintomograph angeschmissen wurde, und – ZACK – hingen die am Magneten und kamen nicht mehr los. Cool ist anders. In den USA wünschen sich Mädchen zum Abitur neue Brüste. **Eine fürs schriftliche, eine fürs mündliche. Doof ist nur, wenn eine dann**	Euphemismus ironische, witzige Randbemerkung mit Analogie Fett – Butter Fakten witziges Rechenexempel Umgangssprache / persönliche Meinung rhetorische Frage mit Pointe Fakten Gefahren der OP groteskes Bild des Zahnarztes, der OP durchführt Wortspiel Speichelsauger – Staubsauger ernste Aussagen mit Faktenbeleg direkte Anrede, Appell Doppeldeutigkeit Aufforderung witzige Hyperbel heitere Metapher Veralberung witzige Randbemerkung

im mündlichen durchfällt. In China werden Frauen die Beine mit Absicht gebrochen, damit sie beim Zusammenwachsen länger werden. Da bekommt der Knochen einen **Brechreiz** und ich auch. Das kommt von diesem verdammten PhotoShop, mit dem den Models die Beine per Mausklick verlängert werden. **Ich finde, Beine haben genau dann die richtige Länge, wenn man mit beiden auf den Boden kommt!** Eine Million Botox-Behandlungen gab es letztes Jahr allein in Deutschland. Mit circa 300 Euro pro Sitzung ein **schöner Markt** mit zweistelligen Zuwachsraten. Oder muss man da von **Zulähmungsraten** sprechen? In den USA hat Botox bereits dazu geführt, dass Schauspieler im Ausland gesucht werden – weil die noch in der Lage sind, mit ihrem Gesicht Gefühle auszudrücken. Wenn die gestrafften US-Gesichter Wut zeigen sollen, können sie nur noch mit den Nasenflügeln wackeln. Weil die Gesichtsmuskulatur ständig kommuniziert, sieht man mit Botox **vielleicht fünf Jahre jünger aus, aber garantiert auch 30 IQ-Punkte dümmer!** Da sagen viele: Das ist es mir wert. Die rufen aber auch nachts verzweifelt in der Vergiftungszentrale an, weil sie aus Versehen nach 20 Uhr eine Tagescreme aufgetragen haben. **Ist es Schönheit, die uns Glück bringt?**	ernst gemeinte Kritik an Praktiken Wortspiel mit Brechreiz witzige Sichtweise Fakten Metapher aus der BWL Neologismus, rhetorische, übertreibende Frage Hyperbel mit ernst gemeintem Hintergrund antithetische Gegenüberstellung Ausruf Witz zum Abschluss rhetorische Frage, deren Antwort sich aus dem Gelesenen von selbst erschließt

Seite 35

Aufgabe 2
Beispiele für Wirkung:

Z. 2: Witz: signalisiert den Lesern die heitere Herangehensweise an das Thema
Z. 30 ff.: Wortspiel Speichelsauger/Staubsauger mit witziger Wirkung

Aufgabe 3
ironische Passagen: individuelle Lösung

Rhetorikkurs V: Chiasmus, Oxymoron, Pleonasmus, Zeugma

Seite 36

Aufgabe 1

Beispiel	rhetorische Figur	eigene Formulierung
Und immer ist es richtig, falsch jedoch nie.	Chiasmus	individuelle Leistung
Die teuren Brillanten seiner Herrenuhr sind Teil seines Selbstverständnisses.	Pleonasmus	individuelle Lösung
Er gab ihr die Hand und sich auf.	Zeugma	individuelle Lösung
Das salzige Meerwasser tat seiner Haut gut.	Pleonasmus	individuelle Lösung
In nüchterner Ekstase betrachtet bist du außergewöhnlich nichtssagend.	Oxymoron	individuelle Lösung
Sie schenkt ihm Liebe, doch Verachtung bekommt sie.	Chiasmus	individuelle Lösung

Kapitel 10 · Einleitung und Schluss

Einen Einstieg formulieren

Seite 38

Aufgabe 1
Material 15
Einführung in das persönliche Umfeld des Essayisten und Vorstellung der Figur Andreas. Dabei wird die Erwartungshaltung der Leser gesteigert durch die lapidare Feststellung, dass in der WG einer lebt, der im Gegensatz zu allen anderen nichts tut. Für die Leser stellt sich die Frage, was Andreas mit der Finanzkrise zu tun hat, die ja Thema des Essays ist.

Material 16
Der Essay wird als fiktiver Brief eingeleitet; dabei geht es offensichtlich auch um ein Generationenproblem. Gleichzeitig wird eine Retrospektive angekündigt, die sich mit der Ambivalenz der Technik beschäftigt. Auch hier stellt sich die Frage, wie Technik und Finanzkrise im weiteren Verlauf in einen Zusammenhang gestellt werden.

Material 17
Mit einer einleitenden These, dass Männer den beruflichen Aufstieg von Frauen verhindern, wird Widerspruch oder Zustimmung (je nach Geschlecht) provoziert. Im Anschluss folgt ein konkretes Beispiel aus dem Alltag und ein kurzes fiktives Gespräch, das die immer noch vorhandenen Vorurteile belegen soll. Mehrere rhetorische Fragen zwingen zumindest die männlichen Leser, die eigene Einstellung zu prüfen.

Material 18
Ein Scheinzitat aus einem erfundenen Vorstellungsgespräch eröffnet den Essay. Danach werden die Leser direkt angesprochen und nach ihrer latenten Rollenfixierung gefragt. Es folgt eine kurze Zusammenfassung des Ist-Zustandes und das Thema des Essays wird vorgestellt.

Seite 40

Aufgabe 2
Wirksamkeit der Einleitungen: Zur Begründung ist zu sagen, dass der letzte Essay-Einstieg vielleicht derjenige ist, der am wenigsten die Neugierde weckt. Auf der anderen Seite ist er für ein Seminar verfasst worden, also an und für die Universität geschrieben.

Aufgabe 3
Verfassen einer Einleitung: individuelle Lösung

Der Schluss des Essays

Seite 41

Aufgabe 1
Verfassen eines Schlusses: individuelle Lösung

Kapitel 11 · Einen Schreibplan erstellen – den Essay verfassen

Seite 42

Aufgabe 1
Erarbeitung der Aufgaben: individuelle Lösung

Seite 43

Aufgabe 2
Verfassen des Essays: individuelle Lösung

Kapitel 12 · Einen Musteraufsatz analysieren

Seite 44

Aufgabe 1

Essay	Sprachanalyse	Schreibplan
Vom Fernsehen und der Kurzsichtigkeit – Die Unterhaltung langweilt uns ins Koma	Wortspiel mit Metapher und Oxymoron	**Titel**
E Kennen Sie das auch im Urlaub – vierzehn Tage all – inclusive Verkostung, prall gefüllte Büfetts mit großer Auswahl? **Am ersten Tag** ist man verzückt, lädt sich die Teller viel zu voll und spachtelt, was das Zeug hält. **Am zweiten Tag** ebbt die Begeisterung schon merklich ab, weil man das Gefühl hat, fast alle schon am Tag zuvor irgendwie gesehen – und noch schlimmer – auch geschmeckt zu haben. **Ab dem dritten oder vierten Tag** verkommt die Mahlzeit zur zweckorientierten Nahrungsaufnahme – nichts wie runter damit und raus aus der **Kantine**. So ähnlich geht es mir derzeit mit dem Angebot der privaten und öffentlichen Sender. **Einheitskost** auf allen Kanälen, **Befriedigung** der niedersten Affekte, **Unterhaltung** als primitivster Zeitvertreib.	Aufbau der Analogie: Nahrung und TV-Konsum rhetorische Frage Trias mit umgangssprachlicher Wendung Hyperbel Metapher (Restaurant – Kantine) Trias mit Ellipse und Hyperbel	**Teil I** Einleitung des Essays mit direkter Anrede des Lesers
D Derzeit stehen dem normalen Fernsehhaushalt zwischen vierzig und dreihundert Programme zur Verfügung. Auf vielen wird rund um die Uhr gesendet – das heißt, es stehen mehr Sendezeit und Sendeplätze zur Verfügung, als man benötigt. **Überkapazitäten** und **Überproduktion** rücken auf die Qualität – das wird jeder Betriebs- und Volkswirtschaftler bestätigen. Gleiches ist im Fernsehen auszumachen. Vieles, was im Vor- und Nachmittagsprogramm angeboten wird, ist nach den immer gleichen **Strickmustern zusammengegart**: Ob es sich dabei um **Talk-Shows, Gerichts-Soaps** oder **Super-Nanny-Auftritte** handelt, spielt keine Rolle. Es geht um derbe Emotionen, die auf einer billigen und fadenscheinigen **Plattform** zelebriert werden: **im Gerichtssaal, in**	Metapher doppelte Metapher (stricken, garen) Trias Metapher	**Teil II** Informationen und Argumente mit Belegen Stellungnahme mit Begründung

Essay	Sprachanalyse	Schreibplan
einer vermeintlichen Diskussionsrunde, in einer **Drei-Zimmer-Wohnung**. Immer wird **geschrien, beschimpft,** häufig sogar **geprügelt**. Was hier als Reality vorgeführt wird, ist aber nicht real, sondern folgt den Vorgaben eines Drehbuchs – die Inszenierung spielt die Realität nur vor, was vielen Konsumenten so gar nicht bewusst ist. Die tröstliche Erfahrung, dass es anderswo noch trostloser zugeht, ist deshalb illusorisch.	Trias Trias mit Klimax Wortspiel	
B Doch auch ich hoffe auf eine schöne Illusion. Denn es ist Samstagnachmittag, das Wetter trist – idealer Zeitpunkt, **sich auf die Couch zu legen** und sich medial inspirieren zu lassen. Es ist 15.20 Uhr – so viele Sender, **da muss doch was gehen**. In der ARD haben die **Sportterroristen** offensichtlich den Sender gekapert – fast sechs Stunden am Stück **Rudern, Tourenwagenrennen, Triathlon. Beschäftigung für den Geist – Fehlanzeige.** Aber das ist erst der Anfang. Im ZDF darf Rosamunde Pilcher **genossen** werden. Eine Frau zwischen zwei Männern, im Kampf zwischen Verliebtsein und Liebe. Oh ja Baby, gib's mir. In Sat 1 **geht** Richterin Barbara Salesch **zur Sache**. Unser **Unmütterchen der Nation** gibt als **allzeit gerechte Richterin** gute Ratschläge, wie man sich benimmt: **dem Staatsanwalt, dem Verteidiger** und natürlich den Angeklagten und Zeugen. In RTL geht es um Verdachtsfälle in Familien. **Ist mein BUB nun ein Verbrecher oder nicht?** Ich **switche** und **switche** und **switche**. Da kochen sie, **was das Zeug hält**, begleitet vom trostlosen und nicht enden wollenden **Gelafer**. Im nächsten Sender verkaufen sie Klamotten aus den Fünfzigerjahren für die **beleibte** Dame, die so hässlich sind, dass man die Macher wegen optischer **Kontamination der Umwelt** anklagen müsste. Dann schrauben ganze Männer, tätowiert, als seien sie im Privatleben **Rausschmeißer auf der Reeperbahn** und Schwerverbrechern **nicht unähnlich**, an einem Motorrad, das so monströs aussieht, dass man sich wirklich fragt, ob es straßentauglich ist. **Und alle drehen an irgendwelchen Schrauben und ich langsam durch.** Bei denen muss wohl eine Schraube locker sein! Ein letzter Druck auf die Fernbedienung – Notaus!	Metapher Umgangssprache Metapher und Ironie Metapher Trias Ellipse Ironie Umgangssprache mit Anspielung auf das Niveau der Sendung, Neologismus, Pleonasmus, Ironie Enumeratio Scheinzitat, Ironie Wiederholung, Anglizismus Ironie mit Neologismus Lafer – labern Hyperbel, Euphemismus Ironie, Metapher Ironie mit Vergleich Litotes Zeugma Anspielung, Doppeldeutigkeit Ich-Botschaft	**Teil III** Fiktionaler, erzählerischer Teil mit ironischem Unterton

Essay	Sprachanalyse	Schreibplan
F Nun kann man ja auf dem Standpunkt stehen, dass es die Sache jedes Einzelnen ist, wie oft und was er sich anschaut. **Ich** glaube aber, dass hinter den Angeboten der Sender eine weit größere Gefahr steckt, als man gemeinhin annimmt. Ich glaube wirklich, dass das Fernsehen die Menschen nicht **bereichert**, nicht **bildet** und **sensibler macht**, sondern sie schlichtweg verdummt. **Ich** bin fest davon überzeugt, dass sich der Mensch über Medien bilden kann. Aber dies ist eben nicht nur eine **Einbahnstraße**. Wie man gescheiter werden kann, so kann man auch ungebildeter werden. Und wer sich jeden Tag diesen Sendeformaten aussetzt, muss sich nicht wundern, wenn er irgendwann einmal ähnlich grobschlächtig und abgestumpft reagiert. Ich will noch einmal auf die Analogie zur **Nahrungsaufnahme** eingehen: Wer immer nur Fast-Food-Produkte in sich hineinstopft, **Geschmacksverstärker**, **Fett** und **Salz**, **Süßstoffe** inbegriffen, wird irgendwann den **Geschmack verlieren**. Genau das gleiche Phänomen lässt sich beim Fernsehen beobachten. Wir **stopfen** uns mit billigem medialen Fast Food **voll** und müssen uns nicht wundern, wenn wir davon krank werden. **Nicht körperlich**, **aber mental**. Wir verlieren den Blick für die Vielschichtigkeiten der Unterhaltung, werden unempfindlich für Ironie, feinsinnige Randbemerkungen, gute Argumente und geistreiche Aphorismen. So macht Fernsehen uns auf lange Sicht **kurzsichtig**, weil wir unseren Wahrnehmungshorizont systematisch verengen und uns der medialen **Vergiftung** nicht mehr entziehen können.	Trias mit Antithese Ich-Botschaft Metapher Analogie Aufzählung Doppeldeutigkeit Metapher Ellipse Enumeratio mit Klimax Metapher und Personifikation Metapher	**Teil IV** Expressive Passage mit eindeutiger Positionierung bezüglich des Problems
A Was aber ist zu tun? Da niemand eine strenge Zensur der Sendeanstalten will – immerhin sind sie wichtiger Teil unserer Demokratie – müssen andere **Wege** gegangen werden, um dem Niveauverlust entgegenzuwirken. Hier sind zunächst die Eltern gefragt, die sich klar werden müssen, dass die Tatsache, dass Sendungen am Nachmittag ausgestrahlt werden, nicht gleichbedeutend damit ist, dass sie auch harmlos sind. **Eltern sollten sehr genau überwachen**, was Kinder und Jugendliche ansehen. Ich kann nur sagen: **Geht** endlich, liebe Eltern, und macht die Augen auf! Gerne würde ich auch die öffentlich-rechtlichen Sender in die Pflicht nehmen. Sie sollten aufgrund der Gebühren, die sie einnehmen, eine wirkliche Alternative zu dem Angebot der Privatsender entwickeln: **Nachmittagssendungen**, die interessant, aber eben	Metapher Appell Imperativ Trias	**Teil V** Die Appelle Eltern Öffentlich-rechtliche Anstalten

Essay	Sprachanalyse	Schreibplan
auch dem kindlichen Niveau angemessen sind, **Spielfilme**, in denen richtige Dialoge stattfinden, **Diskussionen**, in denen wirklich noch um Meinungen und Standpunkte gerungen wird. Vielleicht müssten sich hier auch die Familienminister der Länder stärker engagieren und ihren Einfluss auf ARD und ZDF geltend machen.		Politik
C Ich jedenfalls habe mir vorgenommen, mehr Zeit für die Auswahl der Sendungen zu investieren. Nicht mehr nur deshalb fernzusehen, weil gerade ein trister und grauer Samstagnachmittag ist, sondern genau zu planen: Was will ich diese Woche sehen und wann kommen diese Sendungen. Die Investition eines DVD-Rekorders wird mir diese Freiheiten verschaffen. Nur noch das sehen, was einem wirklich Unterhaltung bietet! **Vom Guten nur das Beste, vom Schlechten nichts.** Und den nächsten Urlaub plane ich als Angebot mit Übernachtung und Frühstück! Endlich dann essen zu können, wann man Lust hat, und vor allem das essen zu können, was regional gut und frisch angeboten wird. **Das ist** der Urlaub, **den ich suche – das ist** der Genuss, **den ich suche**.	Superlativ, Ellipse Anapher, Epipher mit Parallelismus	**Teil VI** Schluss mit Wiederaufnahme der Analogie der Einleitung

Kapitel 13 · Abschlusstest

Seite 49

1c), 2b), 3 b)+c), 4b), 5b), 6b)+c), 7a)+c), 8a), 9c),
10d), 11b), 12a), 13c), 14e), 15f), 16d), 17c)

Prüfungstraining
Abitur Deutsch

Essay

Arbeitsheft mit Lösungen

Erarbeitet von Thomas Rahner

INHALTSÜBERSICHT

VORWORT ... 3

KAPITEL 1
Klärung der Frage: Was ist ein Essay? ... 4
Inhalt, Sprache und Stil des Essays ... 5

KAPITEL 2
Cluster zum Thema ... 7

KAPITEL 3
Materialien sichten und Informationen verwerten ... 9
Die Schaubildbeschreibung ... 10

KAPITEL 4
Abstracts verfassen ... 11
Der Textabstract ... 11
Der Abstract zu diskontinuierlichen Texten – die Karikatur ... 14

KAPITEL 5
Informative und argumentative Passagen verfassen ... 16
Argumentieren ... 16
Die Auseinandersetzung mit Klischees ... 18
Rhetorikkurs I: Enumeratio, Analogie, Antithese ... 19

KAPITEL 6
Expressive Passagen verfassen ... 20
Rhetorikkurs II: Hyperbel, Superlativ, Litotes, Vergleich und Metapher ... 22

KAPITEL 7
Appellative Passagen verfassen ... 24
Rhetorikkurs III: Imperativ, Aufforderung als Bitte, Ellipse, rhetorische Frage, Klimax und Trias ... 26

KAPITEL 8
Fiktionale Passagen verfassen ... 28
Rhetorikkurs IV: Anapher, Epipher, Parallelismus, Euphemismus, Personifikation ... 32

KAPITEL 9
Ironische Passagen verfassen ... 33
Rhetorikkurs V: Chiasmus, Oxymoron, Pleonasmus, Zeugma ... 36
Textbausteine für den Essay ... 37

KAPITEL 10
Einleitung und Schluss ... 38
Einen Einstieg formulieren ... 38
Der Schluss des Essays ... 41

KAPITEL 11
Einen Schreibplan erstellen – den Essay verfassen ... 42

KAPITEL 12
Einen Musteraufsatz analysieren ... 44

KAPITEL 13
Abschlusstest ... 49

KAPITEL 14
Textpool – Dossier zum Thema „Eifersucht" ... 51

Text- und Bildquellen ... 55

VORWORT

Kaum eine Aufsatzform lässt Ihnen eine so große gestalterische Freiheit wie der Essay, gleichzeitig fordert er sehr komplexe sprachliche, stilistische und inhaltliche Leistungen. Denn im Essay wird von Ihnen erwartet, dass Sie sich zu einem Thema geistreich, mitunter witzig, besinnlich reflektierend, vor allem aber auch subjektiv äußern, indem Sie zum vorliegenden Problem eindeutig Stellung beziehen. Dabei können Sie Ihrer Kreativität freien Lauf lassen, solange Sie das Thema nicht aus den Augen verlieren. So schillernd die Varianten essayistischen Schreibens sind, so unerschöpflich sind die Themenbereiche, die Anlass geben können, sie in Form dieser Aufsatzart zu bearbeiten. Es gibt Essays zu den großen Problemen kultureller, politischer und gesellschaftlicher Natur, aber auch Essays, die sich mit scheinbar harmlosen Banalitäten wie Einkauf, Mode oder Gebrauchsgegenständen befassen.

In dem folgenden Arbeitsheft lernen Sie schrittweise, wie Sie einen Essay planen und verfassen können. Dabei werden Sie mithilfe einer Fülle von Übungen Ihre Schreibkompetenz systematisch verbessern und am Schluss in der Lage sein, einen ansprechenden Essay zum Themenkomplex „Männliche und weibliche Rollenklischees" zu schreiben.

Die Elemente des Kurses „Essayistisches Schreiben":

Die Vorbereitung
1. Klärung der Frage: Was ist ein Essay?
2. Cluster zum Thema
3. Materialien sichten und Informationen verwerten
4. Abstracts verfassen

Beginn der Arbeit am Essay
5. Informative und argumentative Passagen verfassen
   Rhetorikkurs I: Enumeratio, Analogie, Antithese
6. Expressive Passagen verfassen
   Rhetorikkurs II: Hyperbel, Superlativ, Litotes, Vergleich und Metapher
7. Appellative Passagen verfassen
   Rhetorikkurs III: Imperativ, Aufforderung als Bitte, Ellipse, rhetorische Frage, Klimax und Trias
8. Fiktionale Passagen verfassen
   Rhetorikkurs IV: Anapher, Epipher, Parallelismus, Euphemismus, Personifikation
9. Ironische Passagen verfassen
   Rhetorikkurs V: Chiasmus, Oxymoron, Pleonasmus, Zeugma

Den Essay schreiben
10. Einleitung und Schluss
11. Einen Schreibplan erstellen – den Essay verfassen

Als weitere Übung analysieren Sie einen Musteraufsatz, machen einen Abschlusstest und können mithilfe eines Textpools einen Essay zum Thema „Eifersucht" erarbeiten.

KAPITEL 1

Klärung der Frage: Was ist ein Essay?

Schon die Übersetzung des Terminus Essay mit dem Substantiv „Versuch" offenbart die Schwierigkeit, diese Aufsatzform hinreichend exakt zu definieren. Wenn der Essay ein Schreibversuch ist, dann ist damit auch zum Ausdruck gebracht, dass er nicht den Anspruch erhebt, in irgendeiner Hinsicht vollkommen oder abgeschlossen zu sein. Eher im Gegenteil: Es handelt sich um einen Gedankenspaziergang; und wenn man die Metapher ernst nimmt, so lässt der Essay genau die Freiheiten zu, die ein Spaziergang eröffnet: Man darf Pausen einlegen, kleinere Nebenwege verfolgen, sich in Momenten besinnen – alles ist erlaubt, solange man den Weg, den man gehen will, nicht aus den Augen verliert. Und im Gegensatz zu einer Wanderung, einem Dienstgang oder einem Fußmarsch ist ein Spaziergang inspiriert von der Muße, diesen Gang aus eigenem Antrieb, ohne Zwang und ohne letzten Sinn verrichten zu wollen.

Gleiches gilt für den Essay: Es geht nicht darum, zu einer drängenden Frage des gesellschaftlichen, sozialen oder politischen Lebens Lösungen anzubieten, Positionen zu erörtern oder Schlussfolgerungen zu ziehen. Der Essay leistet sich die Freiheit und den Freiraum, die Dinge zu betrachten, ihnen nachzuspüren und sich von ihnen inspirieren zu lassen. Deshalb lässt sich der Essay nicht funktionalisieren, und wie der Essayist getragen ist von der Inspiration, so ist der Leser getragen von der Animation: **Ein Essay darf alles sein, nur nicht langweilig.** Er animiert die Leser, sich unterhalten zu lassen, über eine ironische Randbemerkung zu lächeln, nachzudenken, zu grübeln. Solange das Interesse der Leser gewahrt ist, ereicht der Essayist sein Ziel.

1 *Fassen Sie den Inhalt des einführenden Textes in Form einer Mindmap zusammen.*

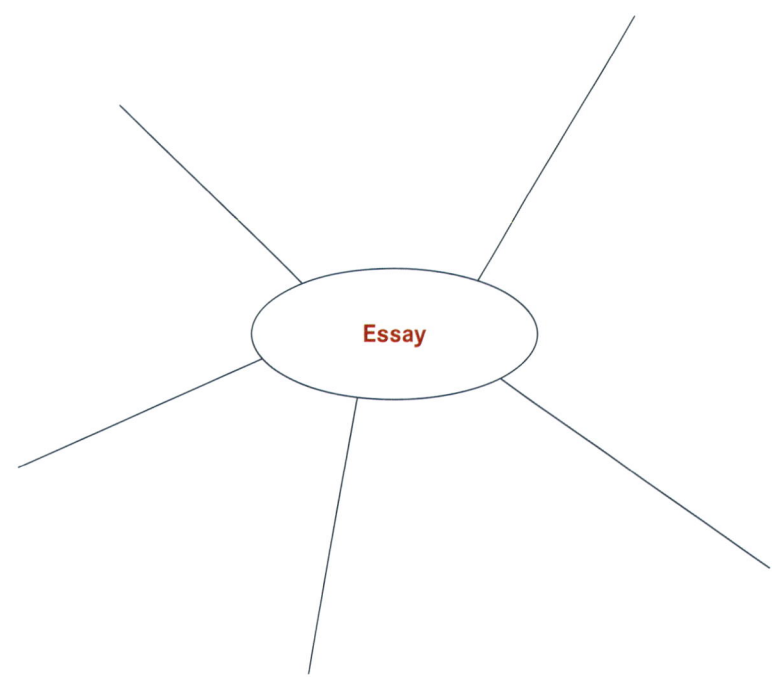

Inhalt, Sprache und Stil des Essays

1 *Untersuchen Sie, welche der folgenden Aussagen zum Essay zutreffen und welche mit Sicherheit falsch sein müssen.*

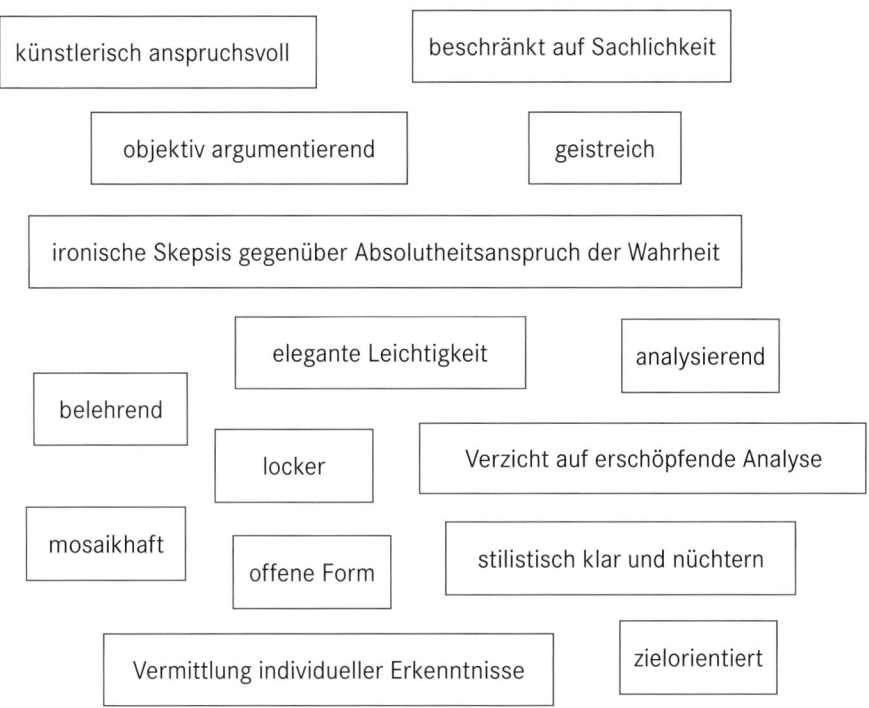

- künstlerisch anspruchsvoll
- beschränkt auf Sachlichkeit
- objektiv argumentierend
- geistreich
- ironische Skepsis gegenüber Absolutheitsanspruch der Wahrheit
- elegante Leichtigkeit
- analysierend
- belehrend
- locker
- Verzicht auf erschöpfende Analyse
- mosaikhaft
- offene Form
- stilistisch klar und nüchtern
- Vermittlung individueller Erkenntnisse
- zielorientiert

2 *Untersuchen Sie die folgenden Textpassagen und ermitteln Sie die jeweilige Textgattung. Begründen Sie mithilfe der Einführung und der Übung zu Inhalt, Sprache und Stil, weshalb sich beide Texte sowohl inhaltlich wie auch sprachlich und stilistisch unterscheiden.*

3 *Ermitteln Sie im Anschluss die Intention des jeweiligen Verfassers.*

Material 1

Was als unselige Schlammschlacht im moralischen Nirwana keine Zukunft hatte, wird höchst erfolgreich unter richterlicher Aufsicht fortgeführt. Schlüpfer und Hosentürl werden jetzt im Namen der demokratischen Gerechtigkeit inspiziert, es muss ja sein. Jeden Nachmittag können wir nun dem starken Arm des Gesetzes
⁵ bei seinem öffentlichen Griff ins Klo zusehen und müssen dabei nicht einmal ein schlechtes Gewissen haben, es geschieht ja der Hygiene wegen. Bedeutet das nun, wie manche Medientheoretiker meinen, eine Demokratisierung des Fernsehens? Wachsendes öffentliches Interesse an der Rechtsprechung? Wohl kaum. Die Fragen, wie der Richter zu seinem Urteil kommt, an welche Vorschriften er
¹⁰ selbst gebunden ist, welche Funktionen Staatsanwalt und Verteidiger wahrzunehmen haben, werden nicht gestellt. Zwar murmeln die Richter manchmal wichtigtuerisch ein paar Ziffern vor sich hin und verkünden am Ende jeder Sitzung ein Urteil, aber es ist recht deutlich erkennbar, dass dies der Zuschauer gewissermaßen nur der Vollständigkeit halber mitgeliefert bekommt. Der Richter
¹⁵ ist in diesen Shows eine absolute Figur, der uneingeschränkte Macht besitzt.

Kapitel 1: Klärung der Frage: Was ist ein Essay?

Textsorte und Begründung

Sprache und Stil

Intention

Material 2
Der große Erfolg der Erstausstrahlung der „Super Nanny" am 19.09.2004, der RTL knappe 5 Millionen Zuschauer bescherte, zeigt, dass es auf Seiten von Müttern und Vätern ein großes Bedürfnis nach Unterstützung und Hinweisen für den Erziehungsalltag mit ihren Kindern gibt. Diesen Bedarf bei Eltern durch
5 die Medien aufzugreifen, ist grundsätzlich ein zu begrüßendes Unterfangen. Die Serie „Die Super Nanny" wird jedoch weder in ihrer Form noch in ihren Inhalten diesem Anspruch unter Beachtung der Kinderrechte und der Menschenwürde gerecht. Kindererziehung stellt in der modernen Gesellschaft die Eltern vor hohe Anforderungen. Pluralisierung von Lebensstilen und Werten und
10 Normen, rasante technische und wirtschaftliche Veränderungen, der Wegfall traditioneller Netzwerke, weniger Kinder etc. sind einige der Aspekte, die maßgeblichen Einfluss auf die Erziehung haben und die Anforderungen an Eltern steigen lassen. Diese Entwicklungen lassen sich nicht mit einfachen Lösungen beantworten, sollen die Kinder verantwortungsbewusste Gestalter und Mitglie-
15 der der Gesellschaft von morgen sein.

Textsorte und Begründung

Sprache und Stil

Intention

KAPITEL 2

Cluster zum Thema

Zu Beginn des Arbeitsprozesses ist es hilfreich, wenn Sie Ihren Assoziationen zu dem Thema, über das Sie den Essay schreiben, freien Lauf zu lassen. Dabei sollten Sie die Arbeitsschritte zum Erstellen eines Themenclusters möglichst einhalten.

Die Aufgabe

Sich dem Themenkomplex „Männliche und weibliche Rollenklischees" annähern

Techniken, um den Schreibprozess zu initiieren:

Arbeitstechnik — Cluster

1. Beginnen Sie mit jeweils einem Kern:

(männliche Rolle)   (weibliche Rolle)

↓

2. Notieren Sie alle Einfälle, die Ihnen zum Themenkomplex „typisch männlich – typisch weiblich" einfallen, in einem neuen Kreis, der um den Kern angeordnet ist.

3. Verbinden Sie jeden Kreis durch einen Pfeil, auch wenn sich zunächst keine logische Verknüpfung erschließt.

4. Fällt Ihnen ein völlig neuer Aspekt ein, positionieren Sie ihn in der Nähe des Kerns und gestalten von dort aus eine neue Assoziationskette.

5. Nach ca. fünf Minuten sollten Sie sich darüber im Klaren sein, was Sie zum Thema Rollenklischees inspiriert.

6. Greifen Sie sich einen Aspekt heraus, zu dem es Ihnen am leichtesten fällt, einen Satz zu schreiben.

Arbeitstechnik — Gegensatzcluster

Sollten Sie das Gefühl haben, dass das Cluster noch nicht den Ertrag gebracht hat, den Sie sich wünschen, können Sie mit einem Gegensatzcluster das Thema abklopfen. Im Falle unseres Essay – Themenkomplex „Männliche und weibliche Rollenklischees" – wäre das Gegensatzcluster mit Begriffen wie „Die Frau im Manne" oder „Das Mannweib" zu gestalten, um die klischeehaften Vorstellungen herausarbeiten zu können.

Arbeitstechnik — Freewriting

Um einer allzu reflektierten Herangehensweise an ein Thema entgegenzuwirken, kann es auch hilfreich sein, wenn Sie sich fünf Minuten lang alles aufschreiben, was Ihnen zu dem Thema einfällt. Dabei ist zu beachten, dass Sie wirklich alles zu Papier bringen dürfen; wichtig ist, dass Sie im Verlauf der fünf Minuten den Stift auf keinen Fall absetzen.

Kapitel 2: Cluster zum Thema

1 *Erstellen Sie einen Cluster.*

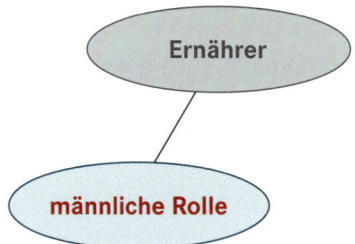

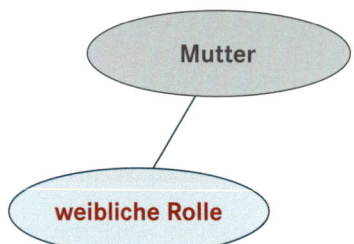

KAPITEL 3

Materialien sichten und Informationen verwerten

Da ein guter Essay auch Tiefgang besitzen sollte, ist es von großer Bedeutung, dass Sie Texte und diskontinuierliche Materialien sichten und sich überlegen, welche davon Sie in den Essay einbauen möchten. Diese Materialien können bereits in Form eines Dossiers zur Verfügung stehen oder Sie selbst müssen recherchieren, welche geeigneten Materialien im Internet oder in Büchereien zugänglich sind.

Material 3
Edgar Piel: Umfrage: Rollenklischees auf dem Prüfstand
Eine Umfrage von GEO WISSEN beweist: Frauen und Männer bleiben den Geschlechterklischees treu. Aus zumeist freiem Entschluss

Frauen sind anders – Männer auch. Jedenfalls anders als mann/frau es sich vorstellt. Im Grunde wissen wir das alle. Aber im konkreten Fall gibt es immer
5 wieder Aufregung darüber. Etwa, wenn sie ihn wieder einmal darauf hinweist, dass die Zahnpasta-Tube falsch – was heißt hier falsch? – ausgequetscht wurde. Die Vermutung angesichts solcher Vorkommnisse liegt – aus Männersicht – nahe, dass Frauen notorisch nörgelig sind, was tatsächlich jeder zweite Mann glaubt. Aber auch Frauen haben ihre Vorurteile: 63 Prozent der Frauen halten Männer
10 für wehleidig; 61 Prozent glauben, sie seien stur.
In einer aktuellen repräsentativen Umfrage für GEO WISSEN hat das Institut für Demoskopie Allensbach bei Bundesbürgern ab 16 Jahren sowohl nach solchen gängigen, festsitzenden Vorstellungen gefragt, die Männer und Frauen voneinander haben, als auch nach den konkreten Erfahrungen mit Partnern oder
15 Familienmitgliedern, Nachbarn oder Kollegen. Auf diese Weise sind jeweils zwei demoskopische Bilder entstanden, ein Fernbild – das Frauen oder Männer allgemein voneinander haben: Ein Nahbild – von konkreten Personen aus dem eigenen Lebensumfeld.
„Wenn Sie einmal an einen Mann (eine Frau) in Ihrer Familie (Nachbarschaft,
20 Kollegenkreis) denken, den (die) Sie besonders gut kennen, was trifft auf diesen Mann (diese Frau) zu?"
Während das Klischee vom wehleidigen Mann in der Mehrzahl der Frauenhirne festsitzt, beschreiben nur 29 Prozent der Frauen so den jeweils konkreten Mann, den sie aus der Nähe kennen. Und nur noch 36 Prozent sprechen von dessen
25 Sturheit.
Frauen empfinden Männer offenbar als gar nicht so schlimm, wie sie es sonst unterstellen: 53 Prozent aller Frauen halten Männer generell für egoistisch – aber nur 26 Prozent bestätigen diesen Vorwurf beim genauen Hinschauen. „Männer sind großspurig", behaupten 47 Prozent – nur für 21 Prozent gehört
30 dieser Punkt auch zum Nahbild. Auch von den 31 Prozent der Frauen, die Männern Gefühlskälte unterstellen, bleiben nur 11 Prozent, wenn sie ihre eigenen Erfahrungen in Rechnung stellen. […]

1 *Veranschaulichen Sie die Informationen des Textes, z. B. in Form eines Diagramms.*

Kapitel 3: Materialien sichten und Informationen verwerten

Die Schaubildbeschreibung

Material 4: Weibliche und männliche Interessen

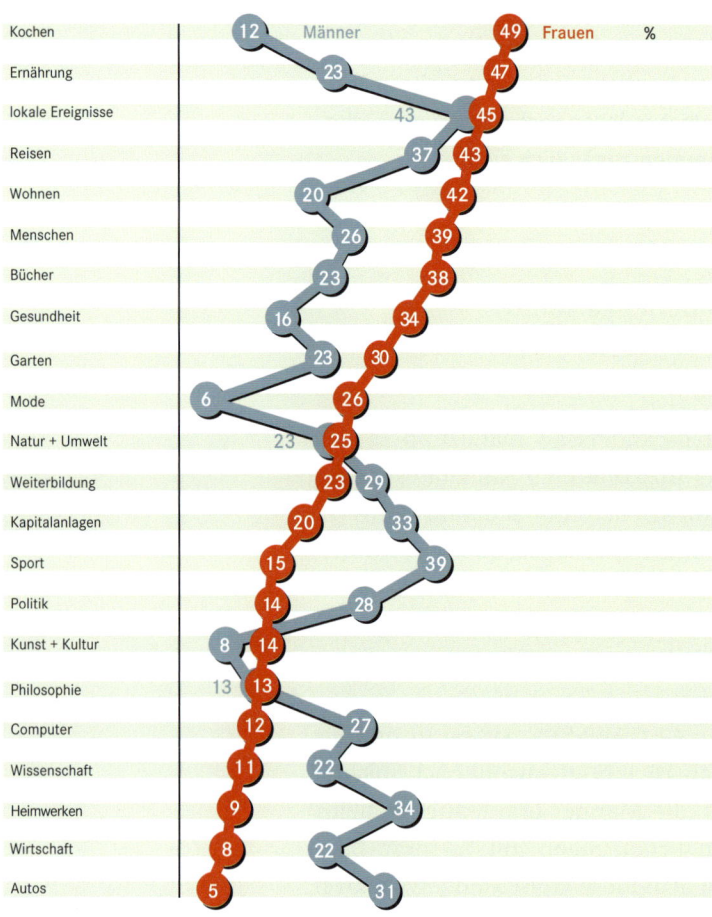

1 *Fassen Sie die wichtigsten Informationen des Schaubilds zum Themenkomplex „Männliche und weibliche Interessen" zusammen, indem Sie*

a) die Art des Diagramms nennen.

b) die Spitzenplätze bei Frauen und Männern gegenüberstellen und nach Gemeinsamkeiten suchen.

c) die größten Differenzen suchen und beschreiben.

KAPITEL 4

Abstracts verfassen

Als Vorbereitung zu Ihrem Essay ist es sinnvoll, wenn Sie Abstracts der Materialien, die Sie verwendet haben, verfassen (diese Abstracts müssen manchmal mit abgegeben werden und können zur Bewertung Ihres Essays herangezogen werden).

Unter einem Abstract versteht man eine sehr kurze Form der Inhaltswiedergabe, eine knappe Beschreibung eines Schaubilds oder einer Karikatur; der Umfang von Abstracts sollte zwischen fünfzig und einhundert Wörtern liegen. Neben der Kürze ist die Vollständigkeit ein wichtiges Bewertungskriterium; außerdem ist bei der inhaltlichen Zusammenfassung von meinungsbildenden Texten (z. B. Kommentaren, Interviews) die Fremdmeinung korrekt zu kennzeichnen, z. B. mithilfe des Konjunktivs. Beinhaltet das Material Faktenwissen (z. B. Statistiken), wird der Abstract im Indikativ formuliert. Eigene Stellungnahmen sind nicht gestattet.

Abstracts werden darüber hinaus umfangreicheren wissenschaftlichen Arbeiten vorgeschaltet und fassen den Inhalt der Arbeit zusammen.

Der Textabstract

Material 5
Juan Moreno: Die Paarungsfalle

[…] Was stört Männer an Frauen? „Ihr Wunsch, den Mann zu verbessern. Ihre viel zu hohen Erwartungen. Ihre Stutenbissigkeit gegenüber jüngeren Frauen. Die Idiotie, Sex als Beweis für Liebe zu nehmen. Dass so gut wie alle kinderlosen Frauen zwischen 35 und 40 panisch-verzweifelt und somit oft unzurechnungsfähig sind. Ihre Forderung nach eigener Emanzipation, kombiniert mit dem brennenden Interesse für den Kontostand oder zumindest die Berufsaussichten des eigenen Mannes. Ihre Beziehung als Teil der eigenen Selbstverwirklichung zu sehen."

In einem marokkanischen Café in Berlin-Kreuzberg, nicht weit von seiner Wohnung, bestellt sich ein Mann, der als Sprecher für Werbefilme arbeitet, einen Tee und sagt, ihn störe rein gar nichts an Frauen. Er mag sie sehr. So sehr, dass er nicht sagen könnte, mit wie vielen er im letzten Jahr geschlafen hat. Er hat in manchen Wochen drei, vier Dates. Nicht immer geht er mit ihnen ins Bett, aber doch ab und zu. Er sagt von sich, er sei ein „altgedienter Single ohne Beziehungsroutine". Seine Stimme klingt wie die eines besoffenen Matrosen. Satt, kräftig, einfach unglaublich. Es ist egal, was er sagt, es hört sich phantastisch an. Er ist dunkelblond, große Hände, er mag schwarze, taillierte Hemden, ein auffallend attraktiver Mann. Seit es das Internet gibt, gehen die Chancen gegen null, dass er jemals wieder eine normale Beziehung führt.

„Ich habe das Gefühl, dass das Internet als Ort für die Partnersuche immer mehr akzeptiert wird", sagt er. „Es ist unglaublich, wie viele interessante Frauen da immer wieder nachkommen. Dabei ist das Tempo, mit dem man Frauen kennenlernt, verblüffend."

Kapitel 4: Abstracts verfassen

Das Angebot ist sein Problem. Wieder die Möglichkeiten, diesmal im Internet. Im Netz wird die Partnersuche gewissermaßen industrialisiert. Noch mehr Möglichkeiten, noch mehr Frauen, die in Frage kommen, noch mehr Entscheidungen, die man treffen muss, noch mehr potentiell verpasste Chancen.
Eine Untersuchung von Emnid ergab bereits im Jahr 2003: Die Deutschen finden sich vor allem bei der Arbeit, dann im Freundeskreis, dann im Internet. Platz drei, vor dem Club, der Disco, dem Urlaub oder der Käsetheke. Eine aktuellere Studie zeigt, dass bei den 30- bis 50-Jährigen ein Drittel aller Kontaktaufnahmen, die zu einer Partnerschaft führen, über das Internet erfolgen. Tendenz steigend. 1,3 Millionen Deutsche haben laut Branchenverband Bitkom einen Lebensgefährten im Internet gefunden.

Arbeitstechnik	Vorbereitung eines Abstracts
1. Herausschreiben der wichtigsten Informationen	
Störfaktoren aus männlicher Sicht	
Verbesserung des Mannes	
Stutenbissigkeit	
Sex und Liebe	
panische Verzweiflung	
Interesse für den Kontostand	
Beziehung = Ort der Selbstverwirklichung	
Beispiel eines Singles und dessen Beweggründe	
Internet als Industrialisierung der Partnersuche	
Untersuchung bei Emnid: wo lernen sich die Deutschen kennen	

2. Umformulierung

Wortlaut des Textes	Umformulierung
Störfaktoren aus männlicher Sicht	
Verbesserung des Mannes	Kritik am Mann
Stutenbissigkeit	Eifersucht gegenüber jüngeren potenziellen Konkurrentinnen
Sex und Liebe	Verwechslung von körperlicher und geistiger Liebe
panische Verzweiflung	psychische Befindlichkeit der kinderlosen Frauen labil, Torschlusspanik
Interesse für den Kontostand	Gleichberechtigung und Blick auf Karriere und Einkommen des Mannes
Beziehung = Ort der Selbstverwirklichung	
Beispiel eines Singles und dessen Beweggründe	
Internet als Industrialisierung der Partnersuche	wachsender Stellenwert der Kontaktbörsen im Internet
Untersuchung bei Emnid: wo lernen sich die Deutschen kennen	dritter Platz nach Berufswelt und Clique

3. Ausformulierung

Einleitend führt der Verfasser verschiedene Gründe an, weshalb Männer Frauen eher schwierig fänden. So sei eine Frau häufig auf jüngere Konkurrentinnen eifersüchtig, kritisiere den Mann ständig, um ihn zu perfektionieren, und verwechsle körperliche Intimität mit Liebe. Schwierig sei auch, dass die Frau einerseits die Nähe zum Mann suche, gleichzeitig aber den Freiraum der Selbstverwirklichung beanspruche. Am Beispiel eines Singles wird darauf hingewiesen, dass die Kontaktaufnahme durch das Internet erleichtert wird. So hat eine Untersuchung ergeben, dass nach Beruf und Clique die Kontaktbörsen im Web die besten Chancen bieten, wenn man auf der Suche nach einer Beziehung ist. (98 Wörter)

1 *Untersuchen Sie den Abstract, indem Sie*

a) die Konjunktivformen herausschreiben,

b) begründen, weshalb an manchen Stellen der Indikativ statt des Konjunktivs steht.

Basiswissen — Sprache und Stil

In einigen Fällen wirken vor allem die Formen des Konjunktiv II veraltet. Deshalb ist es stilistisch oft besser, wenn man mit einem einen vorangestellten Satz deutlich macht, dass es sich um eine Fremdmeinung handelt, und mit *dass* fortfährt.

Beispiel:

Variante 1:
Schwierig sei auch, dass die Frau einerseits die Nähe zum Mann suche, gleichzeitig aber den Freiraum der Selbstverwirklichung beanspruche.

Variante 2:
Darüber hinaus kritisiert er, dass *die Frau die Nähe zum Mann sucht, gleichzeitig aber den Freiraum der Selbstverwirklichung beansprucht.*

2 *Suchen Sie weitere redebezeichnende Verben, die Sie als Ersatzformen für den Konjunktiv verwenden können.*

zu bedenken geben, einräumen

3 *Schreiben Sie Abstracts zu Material 3 (Seite 9) und zu Material 4 (Seite 10). Gehen Sie dabei nach den drei auf Seite 12 aufgeführten Schritten vor.*

Kapitel 4: Abstracts verfassen

Der Abstract zu diskontinuierlichen Texten – die Karikatur

Material 6

Nicht selten wird in den Materialien, die in Form eines Dossiers zur Verfügung gestellt werden, auf Karikaturen zurückgegriffen, um den Gedanken und der Kreativität der Essay-Schreiber einen optischen Impuls zu geben. Der wesentliche Unterschied des Abstracts zu einer Karikatur zu einem Abstract zu einem Text besteht darin, dass er aus Bildbeschreibung und einem Abschnitt zur möglichen Intention des Karikaturisten besteht.

Muster: Abstract zu einer Karikatur
Die Karikatur zeigt einen männlichen Jugendlichen, der vor einem Computer sitzt und nach einem Passwort sucht, um Zugang zum Rechner zu erhalten. In seinen Gedanken, die grafisch als Blase gestaltet sind, geht er eine Fülle von weiblichen Vornamen durch, da er sich offensichtlich nicht mehr erinnert, wel-
5   chen Vornamen er als Passwort vergeben hat. Mit der Karikatur könnte der Zeichner auf die verwirrende Vielfalt der Kontaktmöglichkeiten, die die großen Internet-Communities bieten, hinweisen und das Gefühlschaos, das sie auslösen können, kritisieren. (82 Wörter)

1 *Schreiben Sie zu den folgenden Karikaturen einen Abstract (max. 100 Wörter).*

Material 7

Material 8

Checkliste

Abstract
- [ ] Ist mein Abstract zwischen 50 und 100 Wörtern lang?
- [ ] Habe ich wichtige Ausdrücke durch eigene Formulierungen ersetzt?
- [ ] Sind die Modusformen der indirekten Rede richtig?
- [ ] Habe ich die richtige Zeitstufe gewählt?
- [ ] Konnte ich Unwichtiges erkennen und entsprechend streichen?
- [ ] Ist bei Karikaturen und Schaubildern das Wesentliche erfasst worden?
- [ ] Habe ich die Karikatur verstanden und die Absicht des Zeichners wiedergegeben?

KAPITEL 5

Informative und argumentative Passagen verfassen

Argumentieren

Es ist wichtig, dass Sie in einer oder mehreren Passagen des Essays Informationen einbauen, dass Sie argumentieren und das Thema aus verschiedenen Perspektiven betrachten. Hier geben Ihnen die Materialien wichtige Hilfestellungen; darüber hinaus können Sie auf eigene Erfahrungen und Argumente zum Thema zurückgreifen und diese einfließen lassen.

Material 9
Eva Maria Schnurr: Frauen sind auch nur Männer
Vorurteil: Frauen sind infolge der Evolution ganz anders als Männer

Männer robben durch den Wald, jagen nach wilden Tieren und stieren abends schweigend ins Lagerfeuer. Frauen sitzen in der Höhle, betüddeln die Kinder und sammeln ab und zu vor dem Eingang ein paar Pilze. Und natürlich reden sie dabei ununterbrochen. Gern wird eine solche Urzeitidylle heraufbeschworen,
5 um die angeblichen biologischen Unterschiede zwischen den Geschlechtern zu begründen. Schließlich stecken noch immer steinzeitliche Gene in uns. Weil Männer weite Strecken zurücklegten, können sie sich besser orientieren, Frauchen brauchten das nicht. Weil sie Tieren nachstellten, entwickelten sie die Fähigkeit zur mentalen Rotation, Frauen nicht. Und weil sie die emotionalen
10 Aufgaben an ihre Frauen delegierten, haben sie in diesem Bereich ein Defizit.
Das Problem bei solchen evolutionsbiologischen Begründungen ist, dass man sie nicht nur nicht beweisen kann, sie sind sogar ziemlich zweifelhaft. Die Rollenaufteilung vor Tausenden von Jahren war mitnichten so strikt, hat man durch neuere archäologische Funde und die Beobachtung von Menschen herausge-
15 funden, die heute noch als Jäger und Sammler leben. „Wahrscheinlich gingen Frauen auch mit auf die Jagd", sagt Gerd-Christian Weniger, Direktor des Neanderthal Museums in Mettmann. „Oft unternahm man Treibjagden, bei denen jeder gebraucht wurde, der gut zu Fuß war." Umgekehrt kümmerten sich auch die Männer um die Kinder. Die Prähistorikerin Linda R. Owen von der Univer-
20 sität Tübingen ist sicher: „Frauen waren auch ohne Männer sehr beweglich, sie waren oft wochenlang unterwegs, legten weite Strecken zurück und mussten sich sehr wohl orientieren."
Hinzu kommt: Wie stark unser Verhalten überhaupt durch unsere Gene gesteuert wird, ist noch völlig unklar. „Ich halte nicht viel von solchen Rückgriffen auf
25 die Evolution, das ist alles ziemlich spekulativ", sagt Biopsychologe Markus Hausmann. Denn manchmal ändern sich die Dinge schneller, als die Evolution erlaubt. Wer die Studien der vergangenen 50 Jahre vergleicht, stellt fest: Die Geschlechterdifferenzen werden immer weniger. Männer verbessern ihre verbalen Fähigkeiten, Frauen lösen räumliche Aufgaben immer fixer. Der Grund sind
30 die massiv gewandelten Geschlechterrollen. Das alles lasse nur einen Schluss zu, sagt der Neuropsychologe Lutz Jäncke: „Die Unterschiede zwischen Männern und Frauen verschwinden zunehmend."

1 *Untersuchen Sie den Text hinsichtlich seiner Thesen und Argumente und Belege.*

Basiswissen	Bestandteile einer Argumentation

These 1 – eine Behauptung oder Meinung zu einem umstrittenen Thema oder einem Problem: *Die evolutionsbiologischen Begründungen sind zweifelhaft,*

↓

Argument – begründet die These: *weil die Rollenaufteilung vor Tausenden von Jahren nicht so streng gewesen ist wie behauptet.*

↓

Beleg/Entfaltung der Arguments – verstärkt das Argument: *Es gibt auch heute noch Stämme, die als Jäger und Sammler leben und diese strenge Rollenfixierung nicht praktizieren.*

Es kann noch eine **Folgerung** angefügt werden.

These 2   Auch die Frauen beteiligten sich an der Jagd,

_____

Argument _____

_____

Beleg _____

These 3 _____

_____

Argument _____

_____

Beleg _____

Resümee _____

_____

2 *Schreiben Sie einen Abstract dieses Texts; verwenden Sie dabei eigene Formulierungen und denken Sie an den Gesamtumfang, der 100 Wörter nicht überschreiten sollte.*

a) Achten Sie dabei auf den Einsatz des Konjunktivs.

b) Verwenden Sie mindestens einmal die Ersatzform mit einleitendem redebezeichnenden Verb und der Konjunktion *dass*.

Kapitel 5: Informative und argumentative Passagen verfassen

Die Auseinandersetzung mit Klischees

Wenn Ihr Essay qualitativ hochwertig werden soll, müssen Sie sich darüber klar sein, dass eine Reproduktion der gängigen Geschlechterklischees bei weitem nicht ausreicht; damit unterhalten Sie vielleicht die männliche bzw. weibliche Leserschaft Ihres Essays, aber erwartet wird von Ihnen, dass Sie sich in geistreicher Weise dem Thema nähern.

1 *Positionieren Sie sich bezüglich der folgenden Rollenklischees, indem Sie für sich prüfen, ob sie eine zustimmende oder ablehnende Haltung einnehmen.*

2 *Stützen Sie Ihre Position jeweils mit einer Argumentation.*

Frauen können nicht einparken.	
Männer können nicht zuhören.	
Frauen können nicht räumlich denken.	
Männer arbeiten lieber körperlich als geistig.	
Frauen gehen lieber Schuhe kaufen.	
Männer sind handwerklich begabter.	
Frauen können die Kinder besser erziehen.	
Männer sind besser in Mathematik.	
Frauen sind besser in Deutsch.	
Frauen sind hormongesteuert.	
Männer sind gefährdeter, Alkoholiker zu werden.	
Frauen kochen gerne.	
Männer lieben Sport.	

Rhetorikkurs I: Enumeratio, Analogie, Antithese

Da ein wesentliches Beurteilungskriterium des Essays die sprachliche und stilistische Gestaltung ist, werden Sie in dem folgenden Rhetorikkurs (vgl. auch Seiten 22, 26, 32, 36) immer wieder Stilfiguren kennenlernen, die Sie dann auch anwenden/üben werden. Denn der Essay ist nicht zuletzt ein Sprachkunstwerk, und es ist wichtig, mit rhetorischen Mitteln zu arbeiten, um Wirkung zu erzeugen.

Basiswissen	Sprachliche Mittel und ihre Wirkung

Enumeratio
Die Enumeratio oder Aufzählung vermittelt einen hohen Grad von Anschaulichkeit in der Argumentation. Die Aneinanderreihung mehrerer gleicher Satzglieder komprimiert die Aussage.
Beispiel: *Wer noch immer in den klassischen Rollenfixierungen denkt, hat die weibliche Entwicklung der letzten 100 Jahre verschlafen: Frauen besetzen <u>mathematisch-naturwissenschaftliche Lehrstühle an den Universitäten, nehmen Spitzenpositionen in der Politik ein, leiten Unternehmen.</u>*

Analogie
Bei der Analogie wird eine Parallele zu einem anderen Lebensbereich entwickelt; hierdurch wirkt die Argumentation besonders überzeugend, die eigene Argumentation wird nachvollziehbar.
Beispiel: *Dass der moderne Mann unter der Dreifachbelastung Beruf, Liebhaber und guter Erzieher <u>im Kleinunternehmen</u> Familie leidet und extrem belastet ist, leuchtet ein. <u>In keinem anderen Betrieb</u> käme man auf die Idee, dass der Unternehmensleiter auch noch Betriebsfeste organisieren, den Hausmeisterjob erledigen und nebenbei noch Lehrlinge ausbilden muss.*

Antithese
In der Antithese wird eine Gegenposition formuliert, die dann mit einer Negation prononciert entschärft wird.
Beispiel: *<u>Es geht doch nicht darum</u>, die Frauen zurück an den Herd zu treiben oder dem Mann die gemeinsame Erziehung der Kinder zu verweigern; <u>vielmehr geht es um</u> Möglichkeiten, eine harmonische Beziehung zu gestalten, in der Frauen und Männer die ihnen eigenen Rollen und damit verbundenen Aufgaben bewältigen.*

1 *Wählen Sie sich aus Ihrer Auseinandersetzung mit typischen Rollenklischees (Seite 18) drei beliebige Argumente und formulieren Sie eine Enumeratio, eine Analogie und eine Antithese.*

KAPITEL 6

Expressive Passagen verfassen

Expressive Passagen bieten Ihnen die Chance, dass Sie sich innerhalb des zu behandelnden Problems positionieren. Hierdurch machen Sie deutlich, dass Sie nicht aus einer Haltung der Gleichgültigkeit, die häufig noch als Toleranz getarnt wird, heraus schreiben. Relativierende Sätze wie „ich finde, jeder sollte selbst entscheiden ..." sollten in einen Essay nicht auftauchen. Zeigen Sie Ihre emotionale Befindlichkeit, wenn Sie das Thema, das Sie essayistisch bearbeiten, anspricht, berührt, verärgert, aggressiv, vielleicht sogar zornig macht. Dies kann durch Ich-Botschaften, zynische Wendungen oder Fragen an die Leser geschehen.

1 *Analysieren Sie den Text hinsichtlich der expressiven Passagen und der Argumentation. Notieren Sie die Auffälligkeiten in der rechten Tabellenspalte.*

Material 10

Text	Auffälligkeiten
<u>Ich persönlich finde es ärgerlich</u>, wenn Eltern ihre Kinder immer noch nach einem klischeehaften Rollenverständnis erziehen. Das beginnt doch bereits bei der lächerlichen Farbauswahl der Strampelhosen: blau für gestandene Jungs, rosa für verzärtelte Mädchen! Und so geht es über Jahre hinweg weiter: Die Puppenküche für das Mädchen, das Fahrrad für den Jungen, sie geht zum Ballett und zum Reiten, er darf Fußball spielen und Tennis. Es ist unglaublich, was Eltern hier anrichten, dass sie bereits in Kindheit und Jugend ihre Kinder in Geschlechterrollen zwängen, die deren Persönlichkeitsentwicklung maßgeblich beeinflussen. Und die Ungerechtigkeit geht ja weiter. Er darf mit 14 Jahren bereits bis 24 Uhr mit den Kumpels auf Party – ja Gott, was soll dem Bub denn auch geschehen? Sie hingegen hat spätestens um 22 Uhr zu Hause zu sein; Gefahren lauern überall und strenge Kasernisierung ist der beste Schutz vor Ungemach. Und zu guter Letzt: Er wechselt alle vierzehn Tage seine Freundin, was den Stolz des Vaters anrührt; ja, der bewegt was bei den Frauen. Sie hingegen wird von der Mutter zur Brust genommen, weil sie nach einem halben Jahr mit dem Freund wegen eines anderen Schluss gemacht hat. Rollenklischees – wohin man schaut – und keiner regt sich noch darüber auf ... außer mir.	*Ich-Botschaft, Ausdruck von Unmut*

Material 11
„Frauen üben die miesesten Jobs aus"

[...] In seinem Buch „Mythos Männermacht" schreibt der US-Männerrechtler Warren Farell: „Es ist oft die Rede davon, dass Frauen in schlecht bezahlte Berufe mit schlechten Aufstiegschancen und schlechten Arbeitsbedingungen (z.B. Fabriken) abgedrängt werden. Der ‚Jobs Related Almanac' (Handbuch des Arbeitsmarkts) zählt 250 Berufe auf und stuft sie nach Kategorien von sehr gut bis sehr schlecht ein. Die Einstufung wird aus der Kombination der Faktoren Bezahlung, Stress, Arbeitsumfeld, Aufstiegschancen, Gefahren am Arbeitsplatz und körperlicher Beanspruchung ermittelt. Demnach sind von den fünfundzwanzig schlechtesten Jobs vierundzwanzig fast reine Männerjobs.

Hier einige Beispiele: Lastwagenfahrer, Metallarbeiter, Dachdecker, Kesselschmied, Holzarbeiter, Schreiner, Bauarbeiter oder Polier, Baumaschinenfahrer, Footballspieler, Schweißer, Mühlenarbeiter und Hüttenarbeiter. Alle diese ‚schlechtesten Jobs' haben eines gemeinsam: Sie werden zu 95 bis 100 Prozent von Männern ausgeübt. Täglich kommen ungefähr so viele Männer an ihrem Arbeitsplatz um wie während des Krieges an einem ‚durchschnittlichen Tag' in Vietnam."

Der einzige „Todesberuf" mit einem nennenswerten Frauenanteil war übrigens der des professionellen Tänzers. Farrell schreibt: „Es wurde, ebenso wie Profifootball, niedrig eingestuft. Zweifellos deswegen, weil mangelnde Arbeitsplatzgarantie, schlechte Langzeitperspektiven, hohe Verletzungsgefahr und ein hoher Stressfaktor zusammenkommen." Ein reiner Frauenberuf ist derjenige des Tänzers jedoch nicht. Der Männeranteil liegt auch hier in etwa bei 50 Prozent.

Todesjobs: 95 Prozent Männeranteil

Diese Zahlen gelten für die USA, aber in Europa sieht es nicht viel anders aus. Die EU-Statistikbehörde Eurostat gibt in ihrer Veröffentlichung „Berufskrankheiten in Europa im Jahr 2001", erschienen 2004, statistische Daten über anerkannte Berufskrankheiten in zwölf EU-Ländern bekannt, beschränkt allerdings auf jene 68 Berufskrankheiten, die in allen nationalen Systemen Berücksichtigung finden. Darin heißt es: „Die Inzidenzrate[1] je 100.000 Arbeitnehmer ist bei Männern (48) höher als bei Frauen (22). Das hängt in erster Linie damit zusammen, dass Tätigkeiten, in denen Berufskrankheiten (wie z.B. asbestassoziierte Erkrankungen oder lärminduzierte Schwerhörigkeit) verbreitet auftreten, zum überwiegenden Teil von Männern ausgeübt werden."

Krebserkrankungen als spezielle, besonders häufig tödlich verlaufende Form von Berufserkrankungen sind europaweit fast eine reine Männerdomäne: „Im Jahr 2001 wurden in den betreffenden zwölf EU-Mitgliedstaaten insgesamt 1.499 Fälle anerkannt, die sich auf sieben verschiedene maligne[2] Erkrankungen verteilen (…). Die meisten dieser Fälle (95 Prozent) traten bei Männern auf." (S. 3) Bei Todesfällen als Folge von Berufskrankheiten betrug der Männeranteil 97 Prozent (S. 6).

1 Inzidenz: Zahl der Neuerkrankungen im Verlauf eines Beobachtungszeitraums
2 Fähigkeit von Tumoren, Metastasen zu bilden

2 *Analysieren Sie den Text. Arbeiten Sie seine Argumentationsstruktur heraus und beurteilen Sie die Beweiskraft der Argumentation.*

3 *Schreiben Sie im Anschluss eine kurze Stellungnahme mit expressiven Passagen.*

Kapitel 6: Expressive Passagen verfassen

Rhetorikkurs II: Hyperbel, Superlativ, Litotes, Vergleich und Metapher

In den expressiven Passagen ist es erlaubt und wünschenswert, mit Übertreibungen (Hyperbel und Superlativ) zu arbeiten, um der eigenen Position Nachdruck zu verleihen, oder die Aussage durch eine Litotes abzuschwächen. Auch veranschaulichende Stilfiguren wie Metapher und Vergleich können hier zum Einsatz kommen und die Wirkung Ihrer Ausführungen verstärken.

Basiswissen — Sprachliche Mittel und ihre Wirkung

Hyperbel

Eine Hyperbel ist eine starke Übertreibung; sie wird verwendet, wenn einer Aussage ein besonderes Gewicht verliehen werden soll.

Beispiel: *Der Mann an sich ist doch erst dann zufrieden, wenn er abends zehn Bier und drei Sportsendungen angesehen hat und dabei keinen Satz mit seiner Frau hat sprechen müssen.*

Superlativ

Ein Superlativ ist die höchste Steigerungsform des Adjektivs.

Beispiel: *Es wäre für Männer und Frauen das Beste, sie würden sich ihren geschlechtsspezifischen Defiziten stellen.*

Litotes

Bei einer Litotes wird ein negativer Ausdruck durch einen positiven mit einer Negation ersetzt, damit eine Aussage positiver wirkt. Eine allzu scharfe Formulierung wird dadurch abgemildert, wodurch Kritik aufgrund ihrer häufig beschönigenden Wirkung erträglich wird.

Beispiel: *Leider muss man auch einräumen, dass es für die Frau nicht unangenehm ist, wenn der Mann die Rolle des Alleinunterhalters einnimmt und sich die Frau der Erziehung widmen kann.*

Vergleich

Der Vergleich verknüpft zwei getrennte Bereiche durch Hervorhebung des Gemeinsamen. Er dient der Veranschaulichung, weil er Bilder evoziert, die allzu abstrakte Gedankengänge vorstellbar machen. Wenn es um Emotionen geht, ist er von großem Wert, da er die Intensität der Gefühle nachvollziehbar macht.

Beispiel: *In manchen Betrieben geht es, was die Gleichberechtigung von Mann und Frau betrifft, noch zu wie in der Steinzeit, als die Frauen das Feuer hüteten.*

Metapher

Die Metapher ist ein verkürzter Vergleich, der ohne das Vergleichswort „wie" gebraucht wird und wie der Vergleich zur Veranschaulichung dient.

Beispiel: *Rollenklischees sind zwar in die Jahre gekommene, aber lieb gewonnene Kleidungsstücke, die man nicht wegwirft, weil sie zwar nicht mehr modern, aber ja noch gut in Schuss sind.*

1 Suchen Sie nach Möglichkeiten, wie Sie die folgenden konkreten Substantive in Sätzen als Vergleiche und Metaphern verwenden können. Versuchen Sie dabei, den Themenkomplex „Männliche und weibliche Rollenklischees" zu berücksichtigen.

Riss	Als er mich beleidigt hat, ist ein Riss durch unsere Beziehung gegangen.
Herz	
Sprung	
Hürde	
Ballast	
Meer	
Wand	
Drahtseilakt	
freier Fall	
Vakuum	
Abgrund	
Marionette	
Fußabtreter	
Narr	
Glas	
Scherbenhaufen	
Folterkammer	
Nest	
ein gemachtes Bett	

KAPITEL 7

Appellative Passagen verfassen

Im Rahmen der essayistischen Auseinandersetzung mit einem Thema kann es je nach gesellschaftlicher, politischer oder sozialer Relevanz der gestellten Aufgabe sinnvoll sein, mit appellativen Textbausteinen zu arbeiten. Diese Aufforderungen können sich an die unterschiedlichsten Adressatengruppen wenden: den Leser, Lehrer, Politiker, eine gesellschaftliche Schicht oder Gruppierung, eine bestimmte Altersgruppe oder eben ganz allgemein an Männer oder Frauen. Dabei geht es im Gegensatz zu den expressiven Passagen darum, dass sich die Leser positionieren; entweder sie sind von dem Appell betroffen und reagieren darauf – ablehnend oder einsichtig – oder sie teilen mit Ihnen die Ansicht, dass bestimmte gesellschaftliche Gruppen aktiv werden müssten. Auch wenn die Leser Ihre Appelle rundweg ablehnen, müssen sie doch für sich klären, weshalb sie das tun. Und niemand ist aufmerksamer, als wenn er gewillt ist, zumindest innerlich zu widersprechen.

Material 12

Johanna Kutsche: Elternzeit – Der einzige Mann auf dem Spielplatz

Ein türkischer Vater nimmt Elternzeit – und wird zum Exot in der Familie, im Bekanntenkreis und auf dem deutschen Spielplatz.
[…] Manchmal nimmt sich Acar Zeitungen mit
5 zum Spielplatz und liest auf der Parkbank. Denn Ella kann sich oft ganz gut alleine beschäftigen. „An anderen Tagen bin ich ihr einziges Spielzeug." Ganz normaler Alltag in der Elternzeit. Seit Januar 2011 kümmert sich Acar alleine um
10 seine Tochter. Erst abends geht er zum Deutschkurs und überlässt Ella seiner Frau. Vorher ist er viel in der Welt unterwegs gewesen, er hat seine Doktorarbeit über internationales Tourismusmanagement geschrieben. Zwei Jobangebote hat er abgelehnt. Denn irgendwann, sagt er, sei es zu viel gewesen: Für die Beziehung. Für die Familie. „Ich hatte ganz vergessen, dass ich ein Kind habe."
15 Als die Doktorarbeit endlich fertig ist, sucht sich seine Frau Anna eine Arbeit und er bleibt zu Hause. Eine binationale Partnerschaft haben die beiden, so heißt das im Soziologenjargon. „Wir haben uns in Antalya kennengelernt, ich habe dort gearbeitet, und sie war für ein Projekt da. Und dann …"
Anna wird schwanger, beide ziehen nach Berlin zu ihren Eltern. „Das erste Neue
20 war die Geburt," sagt der Mann mit den kleinen Lachfalten um die braunen Augen. In der Türkei ist es nicht üblich, dass der Mann dabei ist. Das zweite Neue war die Elternzeit für ihn. Dass ein Mann Elternzeit nimmt, ist wiederum auch in Deutschland noch ungewöhnlich. Rund 10 Prozent der Väter bekommen Elterngeld, häufig aber bleiben sie nur zwei Monate zu Hause, damit die Familie
25 insgesamt 14 Monate Elterngeld beziehen kann.
Acar ist heute nicht der einzige Mann auf dem Spielplatz, zwei Erzieher toben mit Kindergartenkindern herum. Ella steht neugierig an einem blauen Karussell und beobachtet, wie ein Erzieher den Kindern einschärft, sich gut festzuhalten. Acar hat das kleine Mädchen fest im Blick und sagt: „Aber sonst bin ich hier ganz
30 alleine. Manche Mütter fragen mich auch, wie das so ist, allein mit Kind." Und wie ist es? Ella läuft herbei und zeigt auf ihre Hose. Es ist die Hose für zu Hause,

lacht Acar: „Ich hab ganz vergessen, ihr die andere anzuziehen. Sehen Sie, jeden Tag muss ich überlegen: Welche Jacke? Ist es warm oder kalt?" Er lerne jetzt praktische Dinge, über Kinder und Erziehung. […]

Für seine Arbeitskollegen in der Türkei ist er aber der komische Typ, der Windeln wechselt. Elternzeit zu nehmen, ist dort für Männer nicht üblich. Auch seine Familie fand das seltsam und fragte ihn: Warum machst Du das? „Ich weiß, dass die Leute denken, das ist etwas für Frauen, Du musst das nicht machen. Aber egal, ich mache es." Und Acar macht alles: auch kochen und putzen.

Er meint: „Ich kann nicht sagen, das ist für Männer oder für Frauen. Das ist das Leben. Und zwar in dieser Zeit, nicht wie vor hundert Jahren." Er habe jetzt mehr Respekt vor Frauen, verschmitztes Lächeln, noch mehr als vorher. „Es ist kein so einfacher Job für Frauen, das weiß ich jetzt."

1 *Lesen Sie den Bericht über einen allein erziehenden Vater und seine Erfahrungen und klären Sie für sich die Frage, ob Sie die Elternzeit für Väter gut finden oder nicht. Begründen Sie Ihre Auffassung ausführlich.*

2 *An welche Adressatengruppen könnten Sie Appelle formulieren, wenn Sie Elternteilzeit für Väter gutheißen bzw. wenn Sie sie für fragwürdig halten?*

3 *Welchen Inhalt können diese Appelle haben?*

Kapitel 7: Appellative Passagen verfassen

Rhetorikkurs III: Imperativ, Aufforderung als Bitte, Ellipse, rhetorische Frage, Klimax und Trias

Appelle können, je nach Intention, in unterschiedlicher Intensität formuliert werden. Um sie eindringlich zu machen, spielen auch Satzfiguren wie Ellipse, Steigerung oder Trias eine wichtige Rolle, ebenso die rhetorische Frage, die gleichsam stillschweigend das Einverständnis des Adressaten voraussetzt.

Basiswissen — Sprachliche Mittel und ihre Wirkung

Imperativ
Befehl; er ist der direkte und schnörkelloseste Weg, eine Aufforderung zu formulieren.
Beispiel: *Und so möchte man den Männern zurufen: Kümmern Sie sich endlich genauso um Ihren Nachwuchs wie Ihre Ehefrauen!*

Bitte
Die Bitte ist die abgeschwächte Form eines Befehls.
Beispiel: *Deshalb müssen wir die Politiker bitten, an den Rahmenbedingungen zu arbeiten, damit Beruf und Familie leichter vereinbar werden.*

rhetorische Frage
Scheinfrage, auf die keine Antwort erwartet wird; die Frageform dient der nachdrücklicheren Aussage oder Aufforderung.
Beispiel: *Würde denn ein Mann zu Hause bleiben, wenn er damit die Armut seiner Familie riskiert, weil die Frau viel weniger verdient als er?*

Ellipse
Die Ellipse ist ein Satzfragment, ein unvollständiger Satz: Unwichtiges wird weggelassen, um eine größere Gefühlswirkung zu erreichen.
Beispiel: *Wer nun glaubt, es habe sich in den vergangenen Jahren etwas geändert, sieht sich getäuscht. Alles beim Alten!*

Klimax
Bei der Klimax werden Wörter oder Sätze so angeordnet, dass eine stufenweise Steigerung entsteht.
Beispiel: *Wenn wir die starren Rollenfixierungen aufgeben, geht es allen besser: den Kindern, den Eltern und letztlich der ganzen Gesellschaft.*

Trias
Die Trias ist eine Dreierfigur.
Beispiel: *Windeln wechseln, Brei geben, mit dem Kinderwagen spazieren gehen – zugegeben, das Leben als Erzieher ist nicht prickelnd, aber dringend notwendig.*

1 *Benennen Sie die folgenden rhetorischen Figuren, mit deren Hilfe Appelle formuliert werden. Formulieren Sie zu jeder rhetorischen Figur ein weiteres Beispiel. Achten Sie dabei auch darauf, dass die möglichen Adressatengruppen, die Sie zum Problem „Väter in Elternzeit" bereits ins Blickfeld genommen haben (Seite 25, Aufgabe 2), in Ihren versteckten und offenen Appellen vorkommen.*

Beispiel	rhetorische Figur	eigene Formulierung
Ich flehe alle jungen Familienväter an, auch einmal für einige Monate zu Hause zu bleiben und die Tätigkeiten einer Mutter zu verrichten.		
Die Eltern sind in einer prekären Lage: Daran müssen wir alle etwas ändern.		
Welche Frau würde denn freiwillig arbeiten gehen, wenn das Kind zu Hause sie doch so dringend braucht?		
Der moderne Mann muss sich in völlig neuen Rollen zurechtfinden: Ernährer, Lover, Erzieher.		
In unserer Gesellschaft werden die Väter, die in Elternzeit gehen, belächelt, verspottet, als Weicheier beschimpft.		
Deshalb mein Schlussappell: Her mit den jungen Vätern!		

KAPITEL 8

Fiktionale Passagen verfassen

Eine weitere Möglichkeit, Ihren Essay interessanter zu gestalten, ist die Einarbeitung von fiktionalen Passagen. Dabei kann es sich um einen erfundenen Dialog, um Erzähleinschübe oder um Fantasiereisen in die Zukunft oder in die Vergangenheit handeln. Da fiktionale Passagen einen hohen Unterhaltungswert haben und die Fantasie des Lesers in besonderem Maße anregen, sind Ihren kreativen Einfällen hier keine Grenzen gesetzt.

Hier ein Beispiel für eine fiktionale Passage: Astrid Schäfer leitet ihren preisgekrönten Essay zum Thema „Macht Freiheit einsam" so ein:

Material 13

Dieser Tag gehört nicht mir. Ich stehe mit einem grässlichen Kater und anderen Wartenden an einer Bushaltestelle in London. Meine Wohnungsschlüssel liegen auf Pauls Tübinger Küchentisch, keine meiner Londoner Mitbewohnerinnen ist zu Hause und der Griff an meinem Trolley ist seit Frankfurt kaputt. Als der dritte
5 11er-Bus geradewegs vorbeifährt, ohne anzuhalten, wendet sich die Spanierin neben mir empört an mich:
„Wie fühlen Sie sich jetzt?"
Ich zucke mit den Schultern. Meine Ohren sind taub, meine Finger abgefroren. Wie soll ich mich fühlen? Der Busfahrer ist natürlich ein Arschloch.
10 Sie jammert: kalt und unfreundlich und dreckig – was finden die vielen Menschen bloß an der Stadt?
Sie sind hier freier, sage ich. Hier kannst du ...
Sie unterbricht mich: „Ja, fantastisch!"
Wütend lässt sie ihre vier Einkaufstüten fallen, redet lauter.
15 „Du bist ja so frei hier. Alles ist möglich! Keiner schert sich einen Dreck um dich, niemand kümmert sich! Wirklich fantastisch", wiederholt sie ironisch.
„In Spanien ist das ganz anders", sagt sie leise.
Aus ihrer Nase läuft Rotz, den sie sich mit dem Zeigefinger in den Mund wischt. Ist das (die Einsamkeit, nicht die laufende Nase) tatsächlich die Nebenwirkung
20 von Freiheit?
Gestern hätte ich noch energisch den Kopf geschüttelt (heute lassen die Kopfschmerzen das nicht zu). Wir haben mit Paul seine Scheinfreiheit gefeiert. Das ist kein Scherz, sondern ein Studentenwort für: Paul muss keine Scheine mehr sammeln. Also haben wir getrunken, getanzt, geküsst (Jungen oder Mädchen
25 oder beides, geht alles) und noch mehr getrunken. Scheinfrei macht nicht einsam, das macht Spaß: Frei von Vorschriften, Traditionen, Pflichten. Wir essen, was wir wollen, und bleiben immer so lange auf, wie es geht. […]

1 *Untersuchen Sie, wie es der Verfasserin gelingt, zum Thema ihres Essays zu gelangen.*

2 *Analysieren Sie den Text hinsichtlich der eingesetzten sprachlichen Mittel.*

Sprachliches Mittel	Textbeleg
Klimax	
rhetorische Frage	
Trias	
Ausruf	

3 *Gestalten Sie die folgenden fiktionalen Impulse zu kleinen erzählerischen Passagen.*

Szenario I: Traumsequenz

Sie öffnen eine Tür und an einem Tisch sitzen die personifizierten Rollenklischees, deren Grundhaltung in den Sätzen in Klammern zum Ausdruck kommt. Alle unterhalten sich angeregt über die gute alte Zeit.

- Der Alleinverdiener („Meine Frau arbeitet nicht, solange ich das Sagen habe.")
- Die Mütterliche („Ein Kind braucht doch seine Mutter.")
- Der Geizige („Lern endlich, mit deinem Haushaltsgeld auszukommen.")
- Die Fürsorgliche („Mein Mann bekommt täglich ein gutes Essen.")
- Der Macho („Männer – männlich, Damen – dämlich")
- Die Unterwürfige („Ich mache mich gerne hübsch für ihn, damit er nicht auf dumme Gedanken kommt.")
- Der Schweigsame („Mein Gott, was hat die den ganzen Tag zu quasseln.")

Kapitel 8: Fiktionale Passagen verfassen

Szenario II: Akustisches Intermezzo

Sie sitzen gemütlich in Ihrem Zimmer, das Radio im Hintergrund. Sie hören Fetzen des Liedes von Herbert Grönemeyer; führen Sie ein Selbstgespräch über den Inhalt der Liedzeilen.

[…]
Männer kaufen Frauen
Männer stehn ständig unter Strom
Männer baggern wie blöde
5 Männer lügen am Telefon

Männer sind allzeit bereit
Männer bestechen durch ihr Geld und ihre Lässigkeit

Männer haben's schwer, nehmen's leicht
10 Außen hart und innen ganz weich
Werden als Kind schon auf Mann geeicht
Wann ist ein Mann ein Mann

Männer haben Muskeln
Männer sind furchtbar stark
15 Männer können alles
Männer kriegen 'n Herzinfarkt

Männer sind einsame Streiter
müssen durch jede Wand, müssen immer weiter

Szenario III: Zeitreise

Sie befinden sich im 8. Jahrhundert vor Christus und leben in der streng matriarchalisch organisierten Welt der Amazonen, einem Volk, in dem die Frauen die Kriege führen und die Männer die Arbeiten um Haus und Herd verrichten. Schildern Sie den Tagesablauf aus männlicher oder weiblicher Perspektive.

Szenario IV: Fiktiver Dialog

Sie sitzen in einem Wartezimmer eines Arztes und nehmen gedankenverloren eine Frauenzeitschrift in die Hand. Sie beginnen darin zu blättern und sind erstaunt über die Schlichtheit der Artikel: Sie lesen über das Leben der Prominenz, Gesundheitstipps, Partnerschaftsratschläge, Kochrezepte, eine revolutionäre Diät. Gestalten Sie einen Dialog mit einer begeisterten Anhängerin des Blattes, die Sie anspricht, weil Sie unbedingt das Exemplar, das Sie in den Händen halten, haben will.

Kapitel 8: Fiktionale Passagen verfassen

Rhetorikkurs IV: Anapher, Epipher, Parallelismus, Euphemismus, Personifikation

Innerhalb der fiktionalen Passagen Ihres Essays haben Sie die meisten Freiheiten, durch rhetorische Figuren Ihren Text besonders ansprechend zu gestalten. Neben den bereits behandelten Figuren können Sie mittels unterschiedlicher Satzfiguren die Wirksamkeit Ihres Textes intensivieren.

Basiswissen — Sprachliche Mittel und ihre Wirkung

Anapher
Bei der Anapher beginnen mehrere Sätze mit dem gleichen Wort; die Wörter in Anfangsstellung werden besonders gewichtet, ihre Einprägsamkeit wird vergrößert.
Beispiel: *Ich kann es nicht. Ich will es nicht.*

Epipher
Die Epipher ist die Gegenfigur zur Anapher: Mehrere Sätze enden mit dem gleichen Wort; die Wörter in Endstellung werden besonders gewichtet, ihre Einprägsamkeit wird vergrößert.
Beispiel: *Und man ruft ihn. Man sucht ihn. Man findet ihn.*

Parallelismus
Wiederholung gleicher Satzkonstruktionen; der Parallelismus korrespondiert häufig mit Anapher und Epipher.
Beispiel: *Meine Augen sehen nicht, meine Ohren hören nicht, mein Herz fühlt nicht.*

Euphemismus
Der Euphemismus ist eine beschönigende Umschreibung; er nimmt ähnlich wie die Litotes die Härte aus dem sprachlichen Ausdruck.
Beispiel: *Das war sicher ein suboptimaler Auftritt.*

Personifikation
Vermenschlichung; die Personifikation hat in fiktionalen Passagen häufig eine besondere Bedeutung: Über sie wird abstrakten und konkreten Substantiven Leben verliehen.
Beispiel: *Die volle Windel ruft nach dem Vater.*

1 *Verbinden Sie mit Pfeilen die Ihnen sinnvoll erscheinenden Personifikationen.*

Abstraktum/Konkretum	Personifikation
Die Arbeit	verzaubert alle.
Freundschaft	siegt immer.
Der Motor	ist ein schlechter Berater.
Das Parfum	streikt.
Wahrheit	ruht nie.
Eifersucht	ist ein treuer Begleiter.

Ironische Passagen verfassen

Nichts ist schwieriger als die heitere, gelassene Betrachtungsweise eines Sachverhaltes oder eines Problems mithilfe der Ironie. Gerade wenn es um das Thema der geschlechtsspezifischen Rollenfixierungen geht, bietet sich der Versuch an, das Thema auch ironisch zu betrachten und das eigene wie auch das andere Geschlecht etwas auf die Schippe zu nehmen. Gute ironische Einschübe nehmen dem Thema die Ernsthaftigkeit und erheitern die Leser. Da der Essay keine letztendlich gültigen Antworten geben will, ist diese Form der Betrachtung auch eine legitime, die dieser Aufsatzform besonders gemäß ist. Allerdings birgt die ironische Betrachtung auch die Gefahr in sich, dass man in Banalitäten und Zoten abgleitet und so den künstlerischen Wert des eigenen literarischen Produkts schmälert.

1 *Analysieren Sie den Text, indem Sie die sprachlichen Auffälligkeiten herausarbeiten. Kennzeichnen Sie im Text, was ernst gemeint ist und was nicht.*

Material 14

Dass man das ernste Thema des Rollenklischees von der Schönheit auch heiter betrachten kann, stellt die folgende Betrachtung von Eckart von Hirschhausen zum Schönheitsideal unter Beweis.

Text	Sprachanalyse
Wer schön ist, muss leiden Wie begrüßen sich plastische Chirurgen? Was machst du denn heute wieder für ein Gesicht!	
Unser Dorf soll schöner werden. Unsere Dorfschönheiten auch. Wie viel in Deutschland operativ der Natur nachgeholfen wird, verdeutlichte im Sommer 2008 eine neue Studie zum Thema Fettabsaugen – ausgerechnet vom Ministerium für Ernährung und Landwirtschaft. Die wollten wohl wissen, wo der Butterberg geblieben ist. Die nackten Zahlen: Eine halbe Million Deutsche lässt sich jedes Jahr verschönern – rein rechnerisch wären also in 160 Jahren alle Deutschen schön. Doch dann könnte man gleich wieder von vorne anfangen. Allein deshalb ist das schon Quatsch. Aber Hand aufs Herz: Wer hat nicht schon mal daran gedacht, sich operieren zu lassen? Oder wenigstens seinen Partner?	

Kapitel 9: Ironische Passagen verfassen

Text	Sprachanalyse
Vorsicht: Bei rund 20 Prozent der plastischen Operationen kommt es zu Komplikationen. Und beim Fettabsaugen gibt es sogar immer wieder Todesfälle, gerade weil es nicht von Fachärzten durchgeführt werden muss, sondern jeder Arzt es offiziell machen darf. So kommt auch der Zahnarzt auf die Idee, er könne sich mit seinem Speichelsauger noch etwas dazuverdienen. Und der Orthopäde denkt das auch und nimmt gleich den Staubsauger. Der Schönheitswahn geht immer früher los. Jedes fünfte Kind zwischen neun und 14 Jahren wünscht sich bereits einen chirurgischen Eingriff oder Tattoos oder Piercings. Liebe Jugendliche, mal was ganz Grundsätzliches zu dem Thema Piercing: Die Anzahl der Löcher am menschlichen Körper ist völlig ausreichend. Nehmt euch Zeit, deren Funktionen zu erkunden, damit habt ihr bis 18 genug zu tun. Ich habe schon Multi-Gepiercte im Krankenhaus gesehen. Die wollten da gar nicht hin, aber diese wandelnden Altmetall-Deponien gingen just in dem Moment draußen auf der Straße vorbei, als der Kernspintomograph angeschmissen wurde, und – ZACK – hingen die am Magneten und kamen nicht mehr los. Cool ist anders. In den USA wünschen sich Mädchen zum Abitur neue Brüste. Eine fürs schriftliche, eine fürs mündliche. Doof ist nur, wenn eine dann im mündlichen durchfällt. In China werden Frauen die Beine mit Absicht gebrochen, damit sie beim Zusammenwachsen länger werden. Da bekommt der Knochen einen Brechreiz und ich auch. Das kommt von diesem verdammten PhotoShop, mit dem den Models die Beine per Mausklick verlängert werden. Ich finde, Beine haben genau dann die richtige Länge, wenn man mit beiden auf den Boden kommt! Eine Million Botox-Behandlungen gab es letztes Jahr allein in Deutschland. Mit circa 300 Euro pro Sitzung ein schöner Markt mit zweistelligen Zuwachsraten.	

Text	Sprachanalyse
70 Oder muss man da von Zulähmungsraten sprechen? In den USA hat Botox bereits dazu geführt, dass Schauspieler im Ausland gesucht werden – weil die noch in der Lage sind, mit ihrem Gesicht 75 Gefühle auszudrücken. Wenn die gestrafften US-Gesichter Wut zeigen sollen, können sie nur noch mit den Nasenflügeln wackeln. Weil die Gesichtsmuskulatur ständig kommuniziert, sieht man mit 80 Botox vielleicht fünf Jahre jünger aus, aber garantiert auch 30 IQ-Punkte dümmer! Da sagen viele: Das ist es mir wert. Die rufen aber auch nachts verzweifelt in der Vergiftungszentrale an, weil sie 85 aus Versehen nach 20 Uhr eine Tagescreme aufgetragen haben. Ist es Schönheit, die uns Glück bringt?	

2 *Benennen Sie die Wirkung einzelner Auffälligkeiten.*

_____

_____

_____

_____

_____

_____

3 *Formulieren Sie nun selbst ironische Passagen zum Themenkomplex „Männliche und weibliche Rollenklischees".*

_____

_____

_____

_____

_____

_____

Kapitel 9: Ironische Passagen verfassen

Rhetorikkurs V: Chiasmus, Oxymoron, Pleonasmus, Zeugma

Zum Schluss Ihres Rhetorikdurchlaufes begegnen Ihnen vier rhetorische Figuren, die eines gemeinsam haben: Sie fallen den Lesern in besonderem Maße ins Auge, weil sie dem normalen Rezeptionsprozess zuwiderlaufen. Während viele andere rhetorische Figuren mühelos überlesen werden können, lassen diese vier Stilfiguren aufgrund ihrer Besonderheit aufhorchen und ermuntern die Leser zum Innehalten.

Basiswissen — Sprachliche Mittel und ihre Wirkung

Chiasmus
Beim Chiasmus werden korrespondierende Satzglieder über Kreuz gestellt.
Beispiel: *Überalterte Rollenklischees wie „Der Mann ist stark, doch schwach die Frau" gehören in die Mottenkiste.*

Oxymoron
Das Oxymoron verbindet paradoxe Elemente, häufig Adjektiv und Substantiv, die einander eigentlich ausschließen.
Beispiel: *Anstrengendes Nichtstun, lärmende Stille.*

Pleonasmus
Häufig in Adjektiv-Substantiv-Beziehungen, das Adjektiv wiederholt eine Eigenschaft, die bereits im Substantiv steckt.
Beispiel: *Feuchter Nebel, öde Wüste, grüner Spinat.*

Zeugma
Die Mehrdeutigkeit eines Verbs wird bewusst eingesetzt, um mit ungewohnten Substantiv-Verbindungen zu verwirren.
Beispiel: *Er schnitt Grimassen und Blumen, um aufzufallen.*

1 *Analysieren Sie die folgenden rhetorischen Figuren und finden Sie zu jedem ein weiteres Beispiel.*

Beispiel	rhetorische Figur	eigene Formulierung
Und immer ist es richtig, falsch jedoch nie.		
Die teuren Brillanten seiner Herrenuhr sind Teil seines Selbstverständnisses.		
Er gab ihr die Hand und sich auf.		
Das salzige Meerwasser tat seiner Haut gut.		
In nüchterner Ekstase betrachtet bist du außergewöhnlich nichtssagend.		
Sie schenkt ihm Liebe, doch Verachtung bekommt sie.		

Textbausteine für den Essay

Die folgende Übersicht veranschaulicht noch einmal, welche sprachlichen Möglichkeiten Ihnen für das Verfassen Ihres Essays zur Verfügung stehen. Diese müssen Sie nicht alle nutzen; schreiben Sie einen Essay über den Tod, die Trauer oder Armut, sind ironische Passagen sicher weniger geeignet. Hingegen kann es durchaus sein, dass Sie bei der Bearbeitung anderer Themen die Entscheidung treffen, auf eine fiktionale Passage völlig zu verzichten.

Übersicht

Informative und argumentative Passagen
Fakten, begründete Positionen, Belege und Beispiele

sollen zur intellektuellen Auseinandersetzung animieren, fordern die Leser auf, zuzustimmen oder zu widersprechen

Expressive Passagen
Ich-Botschaften, zynische Wendungen oder direkte Anrede des Lesers

weisen Sie als authentischen Schreiber aus und zeigen, dass Sie gewillt sind, eine Position zu beziehen und über ihre Gefühle zu begründen

Appellative Passagen
rhetorische Fragen, versteckte und offene Imperative, Bitten, Aufforderungen

sprechen die Leser direkt an und bewegen sie dazu, sich zu positionieren

Fiktionale Passagen
erfundene Dialoge, Fantasiereisen, geistige Spaziergänge, in Gedanken vollzogene Fahrten

lassen bei den Lesern Bilder entstehen, die ihre Fantasie anregen

Ironische Passagen
Übertreibungen, spaßige Randbemerkungen, bewusst falsche Analogien, nicht ernst gemeinte Kommentare

erheitern die Leser und zeigen ihnen, dass Sie nicht mit dem Anspruch auftreten, zu dem Thema die letztgültigen Weisheiten zu vermitteln

KAPITEL 10

Einleitung und Schluss

Einen Einstieg formulieren

Der Einstieg in einen Essay ist von besonderer Wichtigkeit, da Sie hier die Chance nutzen sollten, die Leser für sich und Ihr literarisches Produkt zu gewinnen. Es gibt die unterschiedlichsten Möglichkeiten, einen Essay zu beginnen. Hier einige Beispiele.

1 *Vergleichen Sie die folgenden verschiedenen Einleitungsvarianten und beschreiben Sie, welche Mittel eingesetzt worden sind, um die Neugierde der Leser zu wecken.*

Zum Thema „Welche Wahl lässt die Krise?", das in der ZEIT als Essay-Wettbewerb ausgeschrieben war, schreibt der erste Preisträger Dominik Barta aus Wien:

Material 15

Im Zuge der von allen Seiten proklamierten Finanzkrise war es für mich unerlässlich geworden, einmal gründlicher über meinen Wohnungskollegen Andreas nachzudenken. Ich war nun bereits das fünfte Jahr sein und seines Bruders Untermieter, benützte ihr Bad und ihre Küche, labte mich an den Essensvorräten ihrer Mutter und surfte an ihren Computern im Internet. Alles in allem war unser Verhältnis sehr entspannt: Andreas' Bruder ging jeden Tag zur Arbeit, ich ging jeden Tag an die Uni, und Andreas? – Andreas tat nichts!

_____

_____

_____

_____

Zum gleichen Thema leitet der zweite Preisträger Otto Ruths aus Hamburg seinen Essay so ein:

Material 16

Mein lieber junger Freund,
ich schreibe Dir heute, um mich für unseren Streit zu entschuldigen. Wir konnten uns nicht verständigen über Art und Weise unseres heutigen Lebens, Du warst traurig gegangen. Ich hatte Dir zu wenig deutlich machen können, welche Erfahrungen man während eines fast 87-jährigen Lebens macht.
Deine jugendliche Begeisterung für all unsere Möglichkeiten kann ich verstehen – ich bin kein Feind der Technik, habe aber gelernt, sie nach ihrem Nutzen und möglichen Schaden zu hinterfragen. Mit dem Rückblick in meine Vergangenheit, einem kritischen Blick auf die Gegenwart und kurzem Blick in die Zukunft versuche ich, Versäumtes nachzutragen.

Zum Thema Geschlechtergerechtigkeit schreibt Reinhard Sprenger in DIE WELT:

Material 17
Frauen können alles – wären da nicht die Männer
Sie sind gebildet, qualifiziert, ehrgeizig. Doch der Klub solidarischer Brüder hindert sie an der Karriere – er lässt den Wettbewerb einfach ausfallen

„Daran wird man sich wohl gewöhnen müssen", sagt der Herr neben mir auf dem Abendflug nach Düsseldorf, halb zu mir, halb in seine Zeitung. Ich brummte und nickte leicht, meine Zustimmung signalisierend. Woran gewöhnen? „Flugkapitän Nicole Brackmann und ihre Besatzung begrüßen Sie sehr herzlich ..." Eine Frau! Eine Frau fliegt uns! Man(n) macht sich so seine Gedanken über eine Pilotin. Wer macht sich Gedanken über einen Piloten? Frauen genießen hier offenbar nicht das Vertrauen, das Männern entgegengebracht wird. Ist es nur das Ungewöhnliche? Oder liegt es tiefer? Was traut man ihnen nicht zu? Dass sie nicht kraftvoll genug die Kippschalter umlegen? Dass sie nicht entschieden genug das Höhenruder herumreißen? Dass sie aus lauter Spaß an der Freud noch ein paar zusätzliche Warteschleifen fliegen?

Zum gleichen Thema leitet Katja Hintze ihren Essay ein:

Material 18
„Meine ganze bisherige Karriere habe ich darauf ausgerichtet für den Vorstandsposten dieses Global Players qualifiziert zu sein. Ich hatte immer nur dieses eine Ziel vor Augen und halte mich gerade deswegen für extrem geeignet mit meiner Person dieses Unternehmen an die Weltspitze seiner Klasse zu führen." Dies ist eine Antwort auf die Frage: „Warum sollten wir gerade Ihnen diesen Vorstandsposten geben?" Haben Sie beim Lesen auch gedacht, dass dieses fiktive Zitat ein Mann gesagt hat? – Wie kommt das? Warum finden wir in unserer Gesellschaft nur wenige Frauen in Führungspositionen? Und was kann getan werden, damit ein Ausgleich stattfindet? Darum geht es in meinem Essay.

Kapitel 10: Einleitung und Schluss

2 *Begründen Sie, welche Einleitung für Sie am überzeugendsten ist.*

3 *Verfassen Sie eine Einleitung zum Themenkomplex „Männliche und weibliche Rollenklischees".*

Der Schluss des Essays

Führen Sie sich noch einmal die Metapher des Gedankenspaziergangs vor Augen; auch beim Spaziergang ist es ja einleuchtend, dass Anfangs- und Endpunkt zusammenfallen. Gleiches gilt für den Essay: Greifen Sie Ihre Eingangssituation am Schluss noch einmal auf; prüfen Sie, ob sich in Ihrer Betrachtungsweise im Verlauf des Essays etwas geändert hat. Denkbar ist auch, dass Sie aufgrund Ihres Gedankenspaziergangs die Hoffnung hegen, dass sich im Denken der Leser etwas geändert hat. Am Ende sollte sich nach Möglichkeit der Kreis schließen, damit Ihre essayistische Betrachtung abgerundet wird.

Zum Thema „Welche Wahl lässt uns die Krise?" schreibt Till Roderigo einleitend:

Material 19
Mit der Krise kehrt eine menschliche Eigenschaft in die Gesellschaft zurück: Die Gerechtigkeit.

Im besten Fall lässt sie uns nicht mehr, aber auch nicht weniger Wahlmöglichkeiten als vorher.

Im schlechtesten Fall schränkt sie uns ein, finanziell zuerst, ideologisch später. Manfred Mustermann zu erzählen, diese Krise biete ihm ganz neue Perspektiven, ist ziemlicher Mumpitz. Er kann nicht mehr Einfluss nehmen, weder auf die Gesellschaft, noch auf die Politik.
Das sind die Hardskills.
Um welche Krise genau aber geht es?

Schluss

Welche Wahl lässt die Krise?
Sie gibt die Chance, über Veränderungen auf abstrakteren Ebenen nachzudenken, als wir es für gewöhnlich tun.
Das darf nicht falsch verstanden werden. Umsetzen muss selbstverständlich das politische Tagesgeschäft.
Das Parkett jedoch, auf dem wir tanzen, wir können es neu zimmern.
Und dieses Land ist dafür nicht der schlechteste Ort.

1 *Schreiben Sie zu einer der vier Einstiegsvarianten (Materialien 15–18, Seiten 38 f.) einen Schluss, in welchem Sie auf die Einleitung wieder Bezug nehmen.*

KAPITEL 11

Einen Schreibplan erstellen – den Essay verfassen

Schreibplan zum Thema:

„Total von der Rolle – Ein Essay über geschlechtsspezifische Klischees"

1 *Bearbeiten Sie folgende Aufgaben.*

Meine Schreibmotivation – weshalb beschäftige ich mich mit diesem Thema?

_____

_____

_____

_____

_____

Klischeevorstellungen aus den Materialien (Materialien 3–14)
Welche Informationen und Erkenntnisse will ich in meinem Essay verwerten?

Informative Passage

_____

_____

_____

_____

_____

Welche Gründe gibt es, gegen rollenspezifische Klischeevorstellungen anzugehen?

Argumentative Passage

_____

_____

_____

_____

_____

Wie stehe ich zu diesem Thema?

Expressive Passage

Kann ich das Ganze auch ins Witzige, Lächerliche ziehen – wenn ja, in welchem Bereich?

Ironisch-heitere Passage

Habe ich eventuell eine kleine Anekdote zu erzählen – aus einem Film, einem Buch oder einem anderen Medium? Kenne ich ein Streitgespräch, das ich erlebt habe oder so stattgefunden haben könnte?

Fiktionale Passage

Wie könnte ich Einleitung und Schluss formulieren, damit der Essay Interesse weckt?

---

2 *Schreiben Sie nun den Essay und bauen Sie möglichst viele rhetorische Figuren ein.*

KAPITEL 12

Einen Musteraufsatz analysieren

1 *In dem folgenden Essay zum Thema „Fernsehen" sind die Teile durcheinandergeraten.*

a) Analysieren Sie den Aufsatz, indem Sie den Schreibplan nachträglich rekonstruieren. Bringen Sie die Teile in eine in sich schlüssige Reihenfolge.

b) Analysieren Sie den Einsatz der rhetorischen Figuren.

c) Unterstreichen Sie die Passagen, in denen Sie dem Verfasser zustimmen können, mit grüner Farbe, die Passagen, wo Sie entschieden anderer Meinung sind, mit roter Farbe.

d) Schreiben Sie im Anschluss eine kurze Kritik zu diesem Essay, indem Sie Ihre Position zu diesem Thema darlegen.

Material 20

Text	Sprachanalyse	Schreibplan
Vom Fernsehen und der Kurzsichtigkeit – Die Unterhaltung langweilt uns ins Koma		
Ein Essay über das TV – Programm in Deutschland **A** Was aber ist zu tun?		
Da niemand eine strenge Zensur der Sendeanstalten will – immerhin sind sie wichtiger Teil unserer Demokratie – müssen andere Wege gegangen werden, um dem Niveauverlust entgegenzuwirken. Hier sind zunächst die Eltern gefragt, die sich klar werden müssen, dass die Tatsache, dass Sendungen am Nachmittag ausgestrahlt werden, nicht gleichbedeutend damit ist, dass sie auch harmlos sind. Eltern sollten sehr genau überwachen, was Kinder und Jugendliche ansehen. Ich kann nur sagen: Geht endlich, liebe Eltern, und macht die Augen auf! Gerne würde ich auch die öffentlich-rechtlichen Sender in die Pflicht nehmen. Sie sollten aufgrund der Gebühren, die sie einnehmen, eine wirkliche Alternative zu dem Angebot der Privatsender entwickeln: Nachmittagssendungen, die interessant, aber eben auch dem kindlichen Niveau angemessen sind, Spielfilme, in denen richtige Dialoge stattfinden, Diskussionen, in denen wirklich noch um Meinungen und Standpunkte gerungen wird.		

Text	Sprachanalyse	Schreibplan
Vielleicht müssten sich hier auch die Familienminister der Länder stärker engagieren und ihren Einfluss auf ARD und ZDF geltend machen. [30]		
B Doch auch ich hoffe auf eine schöne Illusion. Denn es ist Samstagnachmittag, das Wetter trist – idealer Zeitpunkt, sich auf die Couch zu legen und sich medial inspirieren zu lassen. Es ist 15.20 Uhr – [35] so viele Sender, da muss doch was gehen. In der ARD haben die Sportterroristen offensichtlich den Sender gekapert – fast sechs Stunden am Stück Rudern, Tourenwagenrennen, Triathlon. [40] Beschäftigung für den Geist – Fehlanzeige. Aber das ist erst der Anfang. Im ZDF darf Rosamunde Pilcher genossen werden. Eine Frau zwischen zwei Männern, im Kampf zwischen Verliebtsein und [45] Liebe. Oh ja Baby, gib's mir. In Sat 1 geht Richterin Barbara Salesch zur Sache. Unser Unmütterchen der Nation gibt als allzeit gerechte Richterin gute Ratschläge, wie man sich benimmt: dem Staatsanwalt, [50] dem Verteidiger und natürlich den Angeklagten und Zeugen. In RTL geht es um Verdachtsfälle in Familien. Ist mein BUB nun ein Verbrecher oder nicht? Ich switche und switche und switche. Da [55] kochen sie, was das Zeug hält, begleitet vom trostlosen und nicht enden wollenden Gelafer. Im nächsten Sender verkaufen sie Klamotten aus den Fünfzigerjahren für die beleibte Dame, die so hässlich sind, [60] dass man die Macher wegen optischer Kontamination der Umwelt anklagen müsste. Dann schrauben ganze Männer, tätowiert, als seien sie im Privatleben Rausschmeißer auf der Reeperbahn und [65] Schwerverbrechern nicht unähnlich, an einem Motorrad, das so monströs aussieht, dass man sich wirklich fragt, ob es straßentauglich ist. Und alle drehen an irgendwelchen Schrauben und ich [70] langsam durch. Bei denen muss wohl eine		

Kapitel 12: Einen Musteraufsatz analysieren

Text	Sprachanalyse	Schreibplan
Schraube locker sein! Ein letzter Druck auf die Fernbedienung – Notaus!		
75 **C** Ich jedenfalls habe mir vorgenommen, mehr Zeit für die Auswahl der Sendungen zu investieren. Nicht mehr nur deshalb fernzusehen, weil gerade ein trister und grauer Samstagnachmittag ist, sondern genau zu planen: Was will ich diese 80 Woche sehen und wann kommen diese Sendungen. Die Investition eines DVD-Rekorders wird mir diese Freiheiten verschaffen. Nur noch das sehen, was einem wirklich Unterhaltung bietet! Vom 85 Guten nur das Beste, vom Schlechten nichts. Und den nächsten Urlaub plane ich als Angebot mit Übernachtung und Frühstück! Endlich dann essen zu können, 90 wann man Lust hat, und vor allem das essen zu können, was regional gut und frisch angeboten wird. Das ist der Urlaub, den ich suche – das ist der Genuss, den ich suche.		
95 **D** Derzeit stehen dem normalen Fernsehhaushalt zwischen vierzig und dreihundert Programme zur Verfügung. Auf vielen wird rund um die Uhr gesendet – das heißt, es stehen mehr Sendezeit und 100 Sendeplätze zur Verfügung, als man benötigt. Überkapazitäten und Überproduktion drücken auf die Qualität – das wird jeder Betriebs- und Volkswirtschaftler bestätigen. Gleiches ist im Fernsehen 105 auszumachen. Vieles, was im Vor- und Nachmittagsprogramm angeboten wird, ist nach den immer gleichen Strickmustern zusammengegart: Ob es sich dabei um Talk-Shows, Gerichts-Soaps oder 110 Super-Nanny-Auftritte handelt, spielt keine Rolle. Es geht um derbe Emotionen, die auf einer billigen und fadenscheinigen Plattform zelebriert werden: im Gerichtssaal, in einer vermeintlichen Diskussions-115 runde, in einer Drei-Zimmer-Wohnung. Immer wird geschrien, beschimpft, häufig sogar geprügelt. Was hier als Reality vorgeführt wird, ist aber nicht real,		

Text	Sprachanalyse	Schreibplan
Vielleicht müssten sich hier auch die Familienminister der Länder stärker engagieren und ihren Einfluss auf ARD und ZDF geltend machen. **B** Doch auch ich hoffe auf eine schöne Illusion. Denn es ist Samstagnachmittag, das Wetter trist – idealer Zeitpunkt, sich auf die Couch zu legen und sich medial inspirieren zu lassen. Es ist 15.20 Uhr – so viele Sender, da muss doch was gehen. In der ARD haben die Sportterroristen offensichtlich den Sender gekapert – fast sechs Stunden am Stück Rudern, Tourenwagenrennen, Triathlon. Beschäftigung für den Geist – Fehlanzeige. Aber das ist erst der Anfang. Im ZDF darf Rosamunde Pilcher genossen werden. Eine Frau zwischen zwei Männern, im Kampf zwischen Verliebtsein und Liebe. Oh ja Baby, gib's mir. In Sat 1 geht Richterin Barbara Salesch zur Sache. Unser Unmütterchen der Nation gibt als allzeit gerechte Richterin gute Ratschläge, wie man sich benimmt: dem Staatsanwalt, dem Verteidiger und natürlich den Angeklagten und Zeugen. In RTL geht es um Verdachtsfälle in Familien. Ist mein BUB nun ein Verbrecher oder nicht? Ich switche und switche und switche. Da kochen sie, was das Zeug hält, begleitet vom trostlosen und nicht enden wollenden Gelafer. Im nächsten Sender verkaufen sie Klamotten aus den Fünfzigerjahren für die beleibte Dame, die so hässlich sind, dass man die Macher wegen optischer Kontamination der Umwelt anklagen müsste. Dann schrauben ganze Männer, tätowiert, als seien sie im Privatleben Rausschmeißer auf der Reeperbahn und Schwerverbrechern nicht unähnlich, an einem Motorrad, das so monströs aussieht, dass man sich wirklich fragt, ob es straßentauglich ist. Und alle drehen an irgendwelchen Schrauben und ich langsam durch. Bei denen muss wohl eine		

Kapitel 12: Einen Musteraufsatz analysieren

Text	Sprachanalyse	Schreibplan
Schraube locker sein! Ein letzter Druck auf die Fernbedienung – Notaus!		
C Ich jedenfalls habe mir vorgenommen, mehr Zeit für die Auswahl der Sendungen zu investieren. Nicht mehr nur deshalb fernzusehen, weil gerade ein trister und grauer Samstagnachmittag ist, sondern genau zu planen: Was will ich diese Woche sehen und wann kommen diese Sendungen. Die Investition eines DVD-Rekorders wird mir diese Freiheiten verschaffen. Nur noch das sehen, was einem wirklich Unterhaltung bietet! Vom Guten nur das Beste, vom Schlechten nichts. Und den nächsten Urlaub plane ich als Angebot mit Übernachtung und Frühstück! Endlich dann essen zu können, wann man Lust hat, und vor allem das essen zu können, was regional gut und frisch angeboten wird. Das ist der Urlaub, den ich suche – das ist der Genuss, den ich suche.		
D Derzeit stehen dem normalen Fernsehhaushalt zwischen vierzig und dreihundert Programme zur Verfügung. Auf vielen wird rund um die Uhr gesendet – das heißt, es stehen mehr Sendezeit und Sendeplätze zur Verfügung, als man benötigt. Überkapazitäten und Überproduktion drücken auf die Qualität – das wird jeder Betriebs- und Volkswirtschaftler bestätigen. Gleiches ist im Fernsehen auszumachen. Vieles, was im Vor- und Nachmittagsprogramm angeboten wird, ist nach den immer gleichen Strickmustern zusammengegart: Ob es sich dabei um Talk-Shows, Gerichts-Soaps oder Super-Nanny-Auftritte handelt, spielt keine Rolle. Es geht um derbe Emotionen, die auf einer billigen und fadenscheinigen Plattform zelebriert werden: im Gerichtssaal, in einer vermeintlichen Diskussionsrunde, in einer Drei-Zimmer-Wohnung. Immer wird geschrien, beschimpft, häufig sogar geprügelt. Was hier als Reality vorgeführt wird, ist aber nicht real,		

Text	Sprachanalyse	Schreibplan
sondern folgt den Vorgaben eines Drehbuchs – die Inszenierung spielt die Realität nur vor, was vielen Konsumenten so gar nicht bewusst ist. Die tröstliche Erfahrung, dass es anderswo noch trostloser zugeht, ist deshalb illusorisch.		
E Kennen Sie das auch im Urlaub – vierzehn Tage all-inclusive Verkostung, prall gefüllte Büfetts mit großer Auswahl? Am ersten Tag ist man verzückt, lädt sich die Teller viel zu voll und spachtelt, was das Zeug hält. Am zweiten Tag ebbt die Begeisterung schon merklich ab, weil man das Gefühl hat, fast alles schon am Tag zuvor irgendwie gesehen – und noch schlimmer – auch geschmeckt zu haben. Ab dem dritten oder vierten Tag verkommt die Mahlzeit zur zweckorientierten Nahrungsaufnahme – nichts wie runter damit und raus aus der Edel-Kantine. So ähnlich geht es mir derzeit mit dem Angebot der privaten und öffentlichen Sender. Einheitskost auf allen Kanälen, Befriedigung der niedersten Affekte, Unterhaltung als primitivster Zeitvertreib.		
F Nun kann man ja auf dem Standpunkt stehen, dass es die Sache jedes Einzelnen ist, wie oft und was er sich anschaut. Ich glaube aber, dass hinter den Angeboten der Sender eine weit größere Gefahr steckt, als man gemeinhin annimmt. Ich glaube wirklich, dass das Fernsehen die Menschen nicht bereichert, nicht bildet und sensibler macht, sondern sie schlichtweg verdummt. Ich bin fest davon überzeugt, dass sich der Mensch über Medien bilden kann. Aber dies ist eben nicht nur eine Einbahnstraße. Wie man gescheiter werden kann, so kann man auch ungebildeter werden. Und wer sich jeden Tag diesen Sendeformaten aussetzt, muss sich nicht wundern, wenn er irgendwann einmal ähnlich grobschlächtig und abgestumpft reagiert. Ich will noch einmal auf die Analogie zur Nahrungsaufnahme eingehen: Wer immer nur Fast-Food-Produkte in sich hineinstopft,		

Kapitel 12: Einen Musteraufsatz analysieren

Text	Sprachanalyse	Schreibplan
Geschmacksverstärker, Fett und Salz, Süßstoffe inbegriffen, wird irgendwann den Geschmack verlieren. Genau das gleiche Phänomen lässt sich beim Fernsehen beobachten. Wir stopfen uns mit billigem medialen Fast Food voll und müssen uns nicht wundern, wenn wir davon krank werden. Nicht körperlich, aber mental. Wir verlieren den Blick für die Vielschichtigkeiten der Unterhaltung, werden unempfindlich für Ironie, feinsinnige Randbemerkungen, gute Argumente und geistreiche Aphorismen. So macht Fernsehen uns auf lange Sicht kurzsichtig, weil wir unseren Wahrnehmungshorizont systematisch verengen und uns der medialen Vergiftung nicht mehr entziehen können.		

Checkliste

Typische Fehler im Essay

Überprüfen und reflektieren Sie Ihren Essay hinsichtlich der folgenden Punkte:

- ☐ Zu einseitige Betrachtung des Themas
- ☐ Gedankensprünge statt Gedankenspaziergang
- ☐ Fehlende Gesamtstruktur
- ☐ Sprachliche und stilistische Entgleisungen
- ☐ Originalität der Betrachtung fehlt
- ☐ Verlust des roten Fadens
- ☐ Fehlender Einsatz rhetorischer Figuren
- ☐ Fantasielose Darstellung
- ☐ Balance zwischen Subjektivität und Objektivität nicht gelungen

Abschlusstest

Nun sollten Sie in der Lage sein, die folgenden Fragen beantworten zu können. Falls Sie noch Schwierigkeiten haben, können Sie sich die entsprechenden Seiten im Arbeitsheft noch einmal anschauen. Mehrere Lösungen sind möglich.

1 *Ein Abstract ...*
a) ☐ wird im Präteritum verfasst.
b) ☐ hat mindestens 200 Wörter.
c) ☐ ist eine kurze Zusammenfassung.

2 *Der Stil des Abstracts ist ...*
a) ☐ kreativ.
b) ☐ sachlich.
c) ☐ appellativ.

3 *Die richtige Form der indirekten Rede von „Ich fordere von den Politikern ..." lautet:*
a) ☐ Er würde von den Politikern fordern ...
b) ☐ Er fordere von den Politikern ...
c) ☐ Der Verfasser führt aus, dass er von den Politikern fordert ...

4 *Das Cluster ist ...*
a) ☐ eine stichwortartige Inhaltsangabe.
b) ☐ eine kreative Vorübung zum Essay.
c) ☐ eine logische Vorstrukturierung.

5 *Die Materialien ...*
a) ☐ müssen im Essay verwendet werden.
b) ☐ dürfen verwendet werden.
c) ☐ dürfen im Essay nicht verwendet werden.

6 *Ein Essay ...*
a) ☐ erörtert ein wichtiges Thema.
b) ☐ zeichnet sich durch eine offene Herangehensweise an ein Thema aus.
c) ☐ stellt einen Gedankenspaziergang dar.

7 *Der Essay will ...*
a) ☐ die Leser unterhalten.
b) ☐ sie belehren.
c) ☐ sie zur Reflexion animieren.

8 *Anfang und Ende des Essays ...*
a) ☐ können aufeinander bezogen sein.
b) ☐ müssen möglichst kurz sein.
c) ☐ werden beim Essay weggelassen.

9 *Ein Essay ist gelungen, wenn ...*
a) ☐ das Thema möglichst in allen Facetten behandelt worden ist.
b) ☐ am Schluss die Lösung des Problems erarbeitet worden ist.
c) ☐ das Thema aus verschiedenen Perspektiven beleuchtet worden ist.

Kapitel 13: Abschlusstest

Bestimmen Sie die Funktion der folgenden Sätze, indem Sie die richtige Antwort ankreuzen.

10 „Lassen Sie uns endlich beginnen, etwas dagegen zu tun."
- a) ☐ informativ
- b) ☐ argumentativ
- c) ☐ expressiv
- d) ☐ appellativ
- e) ☐ fiktional
- f) ☐ ironisch

11 „Die Spätfolgen der Katastrophe werden verheerend sein, weil das genetische Erbgut massiv verändert wird. Schon jetzt häuft sich die Zahl der Fehlgeburten und Behinderungen."
- a) ☐ informativ
- b) ☐ argumentativ
- c) ☐ expressiv
- d) ☐ appellativ
- e) ☐ fiktional
- f) ☐ ironisch

12 „Eine Studie zeigt, dass rund 20 Prozent der Bevölkerung gefährdet sind."
- a) ☐ informativ
- b) ☐ argumentativ
- c) ☐ expressiv
- d) ☐ appellativ
- e) ☐ fiktional
- f) ☐ ironisch

13 „Ich bin betroffen und gleichzeitig frustriert, dass immer noch nichts passiert."
- a) ☐ informativ
- b) ☐ argumentativ
- c) ☐ expressiv
- d) ☐ appellativ
- e) ☐ fiktional
- f) ☐ ironisch

14 „Meine kleine Reise bringt mich nach Istanbul und ich staune über die beeindruckenden Kulturgüter dieser Stadt."
- a) ☐ informativ
- b) ☐ argumentativ
- c) ☐ expressiv
- d) ☐ appellativ
- e) ☐ fiktional
- f) ☐ ironisch

15 „Heirate oder heirate nicht – du wirst es bereuen."
- a) ☐ informativ
- b) ☐ argumentativ
- c) ☐ expressiv
- d) ☐ appellativ
- e) ☐ fiktional
- f) ☐ ironisch

16 „Vor allem die Lehrer sind hier gefragt: Sie müssen mit allen zur Verfügung stehenden Mitteln helfen, unterstützen, ermuntern."
- a) ☐ informativ
- b) ☐ argumentativ
- c) ☐ expressiv
- d) ☐ appellativ
- e) ☐ fiktional
- f) ☐ ironisch

17 „Es ist doch immer wieder interessant und belustigend zu sehen, wie die Menschen reagieren, wenn man sie kritisiert."
- a) ☐ informativ
- b) ☐ argumentativ
- c) ☐ expressiv
- d) ☐ appellativ
- e) ☐ fiktional
- f) ☐ ironisch

KAPITEL 14

Textpool – Dossier zum Thema „Eifersucht"

Auf den folgenden Seiten wird Ihnen ein Dossier zum Thema „Eifersucht" bereitgestellt, auf dessen Grundlage Sie weitere Essays verfassen können.

Textpool – Material 1
Kuno Nensel: Die andere Seite der Liebe
Warum schämen wir uns eigentlich für Eifersucht? Im richtigen Maß sorgt sie in einer Beziehung für Ausgeglichenheit und Stabilität. Kuno Nensel über ein problematisches Gefühl. Und dessen richtige Dosierung

OHNE KONTROLLZWANG

Okay – bis dahin haben wir noch Zeit. Und ausreichend Gelegenheit, auf angemessene und damit positive Weise Eifersucht zu zeigen. Angemessen – dies vorab – bedeutet: Ohne Stasimethoden wie Checken von Mail- und SMS-Korrespondenz des anderen. Ohne Einschränkung seiner Freiheit durch Dauerkontrolle. Und natürlich ohne Gewalttätigkeit. Wer diese Grenzen überschreitet, hat Behandlungsbedarf, zumindest durch eine Paartherapie.

Aber zurück zur positiven Eifersucht. Die Erkenntnis, dass es sie überhaupt gibt, verdanken wir dem amerikanischen Psychologen David M. Buss (Universität von Texas in Austin). Der nämlich erklärte Eifersucht unter evolutionspsychologischen Aspekten als Notwendigkeit. Weil sie schon der Steinzeitfrau die Sicherheit vermittelte, dass der keulenbewaffnete Gatte nicht plötzlich einen Blick auf die fesche Bärenpelzträgerin von nebenan warf. Und sie selbst samt Nachwuchs einfach vergaß. Dem Steinzeitmenschenmännchen wiederum half es enorm bei der Entwicklung seiner noch eher rudimentären Vatergefühle zu wissen, dass die Brut nicht einer Liaison der Gattin mit dem Herrn aus der Nachbarhöhle entstammte. Das machte Sinn in rauen Zeiten. Zugegeben – diese Zusammenfassung von Buss' Forschung ist grob vereinfacht. Viel interessanter für uns ist aber auch seine Konklusion für die Jetztzeit: „Eifersucht kann eine abgekühlte Liebe neu entfachen und die Bindung festigen."

Wir kommen gleich dazu, wie das funktioniert. Zuallererst sollten wir uns vor Augen führen, dass uns Eifersucht eine entscheidende Sicherheit vermittelt: die nämlich, einen Partner gefunden zu haben, der uns wirklich viel bedeutet. Für manche Menschen ist es eine spannende Erfahrung, erst in der dritten, vierten oder achten Beziehung dieses Gefühl zu spüren. Nachdem sie jahrelang glaubten, es sei ihnen völlig fremd. Lässt im Lauf der Jahre auch mit dem perfektesten Partner die Spannung langsam nach, kann eine Portion Eifersucht der Beziehung wieder einen entscheidenden Kick geben. Weil sie ganz einfach dafür sorgt, dass wir uns intensiver mit dem anderen beschäftigen. Seinen Wert erkennen. Zuneigung deutlich demonstrieren. Neue Leidenschaft entwickeln, die auch den Sex wieder spannender macht. Und – falls wirklich schon ein Seitensprung stattfand – erkennen, was wir verlieren würden.

Das ist nicht etwa eine Hypothese, sondern empirisch belegt: Eine Langzeitstudie der Western Illinois University stellte fest, dass die meisten Paare, die zu Beginn der Untersuchung zugaben, Eifersucht spiele in ihrer Beziehung eine Rolle, nach sieben Jahren noch glücklich vereint waren, während die Fraktion der Nichteifersüchtigen eine deutlich höhere Trennungsquote aufwies.

Textpool – Material 2

Textpool – Material 3
Psychologie – Warum Männer anders eifersüchtig sind als Frauen
Eifersucht befällt Männer und Frauen, doch die Unterschiede sind groß: Frauen finden emotionales Fremdgehen als schlimmer, Männer den Sex. Lange vermuteten Forscher evolutionäre Ursachen dafür. Ein Irrtum, wie eine neue Studie nahelegt.

5 Womöglich kommt der Casanova Tiger Woods mit einem blauen Auge davon: Anscheinend verzeiht seine Ehefrau Elin Nordegren ihm seine zahlreichen Liebschaften. „Elin will ein funktionierendes Familienleben", sagte eine Bekannte des Paares dem „People Magazine".

Tatsächlich liefert die Psychologie eine ähnliche Erklärung für das Verhalten von
10 Woods' Ehefrau: Forscher sind davon überzeugt, dass die meisten Frauen stärker verletzt sind und mehr Angst davor haben, wenn Männer sie emotional betrügen und drohen, sie zu verlassen. Den eigentlichen Akt des Seitensprungs nehmen sie hingegen wesentlich gelassener hin.

Forscher haben bereits mehrfach die unterschiedlichen Formen von Eifersucht
15 untersucht. Sie konnten unter anderem nachweisen, dass Frauen auf Anzeichen emotionaler Untreue viel empfindlicher reagieren als auf Indizien für sexuelles Fremdgehen. Das Verhalten führten die Wissenschaftler früher auf die Rollenbilder der menschlichen Frühgeschichte zurück. Demnach sei es für den Mann evolutionär von großer Bedeutung gewesen, dass seine Frau ihm sexuell treu
20 bleibt – denn nur so habe er sicher sein können, dass das Kind, für das er sorgt, wirklich von ihm ist. Frauen wiederum haben nach diesem Erklärungsmuster vor allem Interesse an der emotionalen Treue des Partners, damit er als Versorger erhalten bleibt. Was er sexuell treibt, konnte seiner Herzensdame dagegen egal sein.

Es kommt auf das Ego an
Jetzt aber kommen Forscher von der Pennsylvania State University zu einer etwas anderen Erklärung. An den grundlegenden Unterschieden zwischen männlicher und weiblicher Eifersucht zweifeln sie nicht – wohl aber daran, dass sie evolutionäre Gründe haben. Wie Kenneth Levy und Kristen Kelly im Fachmagazin „Psychological Science" schreiben, gebe es auch viele Männer, die eine emotionale Untreue als schmerzlicher empfinden als einen sexuellen Ausreißer der Frau. Die Frage ist also, warum?

Die Forscher vermuten, dass Vertrauen und die emotionale Bindung zwischen Paaren eine weitaus größere Rolle spielen als evolutionäre Faktoren. Um ihre These zu belegen, haben sie mit 411 Teilnehmern eine Reihe von Befragungen und Tests durchgeführt.

Demnach fühlen sich manche Menschen, ganz gleich ob Mann oder Frau, in einer engen Beziehung wohler und sicherer. Andere wiederum verzichten lieber auf zu große Nähe. Die Psychologen fanden heraus, dass diejenigen, die ihre Eigenständigkeit über die Bindung stellen, sich viel mehr über einen sexuellen als einen emotionalen Seitensprung ihres Partners ärgerten. Umgekehrt seien die Probanden mit starker emotionaler Bindung an ihren Partner schockierter gewesen, wenn dieser sich emotional entfernte.

Die Psychologen halten diese Ergebnisse für einen deutlichen Hinweis, dass der Entstehung von Eifersucht vor allem kulturelle und soziale Mechanismen zugrunde liegen und die Evolution eine weitaus geringere Rolle spielt als bisher angenommen.

Textpool – Material 4
Stalking: Wenn Eifersucht zur Besessenheit wird
Nicht nur Männer sind Stalker
Fast jede zweite deutsche Frau wurde schon einmal von einem Mann bedrängt. Diese erschreckende Zahl hat eine aktuelle Umfrage ergeben. Aber es sind nicht nur Männer, die Frauen belästigen oder stalken. In einem besonders krassen Fall hat eine Frau aus Eifersucht eine andere monatelang verfolgt und belästigt.

Jana wurde acht Monate lang systematisch diffamiert, beschimpft, gemobbt und verdächtigt. Der Grund: Eifersucht – die Täterin wurde von ihrem Freund verlassen und dachte, der sei nun wieder mit seiner Ex, dem Opfer Jana, zusammen. Das stimmte zwar nicht, aber die Stalkerin gab keine Ruhe. Ihre perfide Tatwaffe war ein Internet-Portal. „Sie hat sich 20 bis 30 Identitäten erschaffen, die sie als Freunde von mir ausgegeben hat, und die dann ihm und mir geschrieben haben", erzählt Jana. Durch die Scheinidentitäten der Täterin wurde Jana schließlich so dargestellt, als würde sie ihrem Ex-Freund nachstellen. „Um dafür zu sorgen, dass er denkt, dass ich es bin, hat sie meine Handynummer herausbekommen, um ihn damit zu belästigen; zusätzlich hat sie sein Auto beschmiert … und ihm Briefe geschrieben mit Inhalten, die nur wir beide wissen konnten."

Kai-Thomas Breas von der Staatsanwaltschaft Stade erklärt dazu: „Strafbar ist nicht die Annahme einer falschen Identität und auch nicht, wenn ich mich anderen Personen gegenüber so oute – erst in dem Augenblick, wo ich Straftaten begehe, z. B. andere Personen verleumde oder beleidige – erst in dem Augenblick mache ich mich strafbar."

Kapitel 14: Textpool – Dossier zum Thema „Eifersucht"

Neues Gesetz macht Datensammlung schwieriger

Und was ist, wenn einem jemand außerhalb des Internets nachstellt? Seit knapp zwei Jahren gibt es ein neues Stalking-Gesetz; danach ist Stalking eine Straftat – als Opfer muss man allerdings auch verschiedene Dinge beachten: „Frühzeitig alle Bekannten und Kollegen informieren, den Kontakt völlig abbrechen, auch nicht auf ein klärendes Gespräch eingehen und alle Beweise sammeln, wie zum Beispiel E-Mails etc.", rät der Psychologe Dr. Jens Hoffmann.

Durch das neue Gesetz gegen die Vorratsdatenspeicherung wird es allerdings für die Polizei schwieriger, Daten von Stalkern zu sammeln – es sei denn, sie drohen mit schweren Straftaten. Bei Jana hatte der Spuk erst ein Ende, als die Staatsanwaltschaft die Täterin über ihre IP-Adresse ermittelte. Die schrieb eine Entschuldigung und musste, weil sie vorher nie auffällig geworden war, letztendlich nur 600 Euro bezahlen. Ein schwacher Trost für Jana.

Textpool – Material 5
P. Anselm Grün: Teufelskreise: Neid und Eifersucht

Das Übel des Neides besteht im Sich-Vergleichen. So macht er unzufrieden. Eifersucht verweist auf Liebe. Sie muss aber frei werden von der Tendenz zu beherrschen.

Die zweite Gefährdung des Menschen wird als Neid oder Eifersucht beschrieben. Beides ist nicht genau das Gleiche. Neid besteht darin, dass ich mich ständig mit andern vergleiche, und neidisch bin auf das, was andere haben und ich nicht. Ich bin neidisch, dass der andere intelligenter ist als ich, dass er besser aussieht, dass er mehr Geld hat, einen leichteren und angeseheneren Arbeitsplatz hat.

Das Übel des Neids besteht im Sich-Vergleichen. Es gibt Menschen, die sich ständig vergleichen. Wenn sie in eine Gruppe kommen, beginnen sie sofort mit dem Bewerten. Entweder entwerten sie die andern und stellen sich über sie. Oder aber sie entwerten sich selbst und werden dann neidisch auf die andern. Je mehr ich mich mit andern vergleiche, desto mehr werde ich bei ihnen finden, was ich nicht habe. So fühle ich mich immer als zu kurz gekommen. Der Volksmund sagt, dass wir gelb vor Neid werden. Der Neid gibt dem Gesicht also eine ganz unangenehme Färbung. […]

Eifersucht verweist auf Liebe. Von Eifersucht sprechen wir vor allem in Bezug auf die Menschen, die wir lieben. Der Mann ist eifersüchtig auf seine Frau, wenn andere Männer sie umschwärmen. Die Frau wird eifersüchtig, wenn die Sekretärin ihren Mann anhimmelt. Die Eifersucht zeigt, dass ich den andern liebe. Aber zugleich möchte ich den andern für mich besitzen. In mir ist die Sehnsucht, den andern ganz allein für mich zu haben und für einen andern der wichtigste Mensch auf der Welt zu sein. Diese Sehnsucht ist verständlich. Sie darf sein. Sie zeigt, wie stark die Liebe zum andern ist. Aber zugleich steckt in der Eifersucht die Tendenz, den andern zu beherrschen. Ich nehme ihm die Freiheit, sich den Menschen seiner Umgebung ungezwungen zuzuwenden.

1 *Verfassen Sie Abstracts zu den Materialien.*

2 *Schreiben Sie einen Essay zum Thema „Eifersucht" und finden Sie einen Titel.*

Textquellen: S. 5: Georg M. Oswald: recht gefühlsecht. Zum bemerkenswerten Erfolg deutscher Gerichtsshows. In: Betrifft. Frankfurt/M.: edition suhrkamp (2379) 2004, S. 64. **S. 6:** Stellungnahme des Deutschen Kinderschutzbundes zur neuen RTL Reality-Serie „Die Super Nanny", http://www.hamm.de/dokumente/StellungnahmeDKSB.pdf (Abruf: 15.07.11). **S. 9:** Edgar Piel: Umfrage: Rollenklischees auf dem Prüfstand. http://www.geo.de/GEO/kultur/gesellschaft/617.html?t=print, Geo Wissen Nr. 26/00 (Abruf: 15.07.11). **S. 11 f.:** Juan Moreno: Die Paarungsfalle. Ich lösche mein Postfach für dich. In: Der Spiegel 45, 08.11.2010, http://www.spiegel.de/spiegel/print/d-74948234.html, Abruf: 15.07.11). **S. 16:** Eva-Maria Schnurr: Frauen sind auch nur Männer. Vorurteil: Frauen sind infolge der Evolution ganz anders als Männer. In: ZEIT Wissen 01/2007. http://www.zeit.de/zeit-wissen/2007/01/Titel-Frauen-Maenner (Abruf: 15.07.11). **S. 21:** „Frauen üben die miesesten Jobs aus"; Todesjobs: 95 Prozent Männeranteil. In: Frauen im Beruf: Benachteiligt und ausgenutzt? Erschienen am 10.11.2008, http://manndat.de/feministische-mythen/frauen-im-beruf-benachteiligt-und-ausgenutzt.html. (Aufruf: 15.07.11). **S. 24 f.:** Johanna Kutsche: Elternzeit – Der einzige Mann auf dem Spielplatz. In: DIE ZEIT, 10.05.2011. http://www.zeit.de/gesellschaft/familie/2011-05/tuerke-vater-elternzeit (Abruf: 15.07.2011). **S. 28:** Peter Wagner: Macht Freiheit einsam? Astrid Schäfer gewinnt den Essay-Wettbewerb. (10.04.2007). http://jetzt.sueddeutsche.de/texte/anzeigen/374602/Macht-Freiheit-einsam-Astrid-Schaefer-gewinnt-den-Essay-Wettbewerb (Abruf: 15.07.11). **S. 30:** Herbert Grönemeyer: Männer. http://www.letzte-version.de/songbuch/4630-bochum/maenner/ (Aufruf: 15.07.11). **S. 33 ff.:** Wer schön ist, muss leiden. In: Dr. med. Eckart von Hirschhausen: Glück kommt selten allein ... Reinbek: Rowohlt Verlag 2009, S.161 f. **S. 38:** Dominik Barta: 1. Preis: Von Andreas, meiner Mutter und 306 Pferden. Loblied auf das Lotterleben eines Freundes oder: Was ist eigentlich gerecht? (Einleitung). In: DIE ZEIT, 23.09.2009. http://www.zeit.de/2009/40/Essay1-Preistraeger (Abruf: 29.07.11). **S. 38:** Otto Ruths: 2. Preis: Leider fehlt der Beipackzettel. Brief an einen zornigen jungen Mann: Mit 87 Jahren ein Rückblick auf die Welt. In: DIE ZEIT 27.09.2009. http://www.zeit.de/2009/40/Essay2-Preistraeger (Abruf: 29.07.11). **S. 39:** Reinhard Sprenger: Frauen können alles – wären da nicht die Männer (Einleitung). In: Die Welt, 18.03.2010. http://www.welt.de/die-welt/debatte/article6825317/Frauen-koennen-alles-waeren-da-nicht-die-Maenner.html (Abruf: 29.07.11).
S. 39: Katja Hintze: Frauen brauchen mehr Biss (Ein hungriges Essay in sieben Fragen). (Einleitung). HU zu Berlin, Juristische Fakultät, Institut für Öffentliches Recht, 01.10.2005. http://genderini.files.wordpress.com/2009/01/frauen_brauchen_mehr_biss_hintze_katja.pdf (Abruf: 29.07.11). **S. 41:** Till Roderigo: 3. Preis: Der Mensch ist kein Rhinozeros. Mit der Krise kehrt eine menschliche Eigenschaft in die Gesellschaft zurück: Die Gerechtigkeit. In: DIE ZEIT, 23.09.2009. http://www.zeit.de/politik/deutschland/2009-09/essay-wettbewerb-roderigo/seite-1 (Abruf: 29.07.11). **S. 51:** Kuno Nensel: Die andere Seite der Liebe. http://www.elle.de/Artikel/Die-andere-Seite-der-Liebe_184170.html (Aufruf: 18.07.11). **S. 52 f.:** Psychologie – Warum Männer anders eifersüchtig sind als Frauen (cib). In: Spiegel, 27.01.2010. http://www.spiegel.de/wissenschaft/mensch/0,1518,674408,00.html (Abruf: 20.07.11). **S. 53 f.:** Stalking: Wenn Eifersucht zur Besessenheit wird. 03.03.2010. http://www.rtl.de/medien/service/9958-3bb69-399e-17/stalking-wenn-eifersucht-zur-besessenheit-wird.html (Abruf: 20.07.11). **S. 54:** P. Anselm Grün: Teufelskreise: Neid und Eifersucht. Katholische Kirche Vorarlberg. In: Kirchenblatt 10/2009. http://www.kath-kirche-vorarlberg.at/organisation/kirchenblatt/artikel/teufelskreise-neid-und-eifersucht (Abruf: 20.07.11).

Bildquellen: Einband: veer RF; **S. 10:** Nicole Krohn; **S. 11:** Spiegel Verlag, Hamburg; **S.14:** Martina Schradi/Outline Enterprise; **S.15** oben: Tile Mette/Stern/Picture Press; **S.15** unten: Bulls Press GmbH, Frankfurt; **S.24:** shutterstock/Blue Orange Studio; **S.30:** Picture Alliance/Keystone/Markus Stuecklin; **S.33:** Rowohlt Verlag; **S.48:** shutterstock /wrangler; **S.52:** Frank Speth

Redaktion:	Anja Köpper
Außenredaktion:	Carola Jeschke
Bildrecherche:	Gertha Maly
Gesamtgestaltung und technische Umsetzung:	EYES-OPEN, Berlin

www.cornelsen.de

Die Webseiten Dritter, deren Internetadressen in diesem Lehrwerk angegeben sind, wurden vor Drucklegung sorgfältig geprüft. Der Verlag übernimmt keine Gewähr für die Aktualität und den Inhalt dieser Seiten oder solcher, die mit ihnen verlinkt sind.

1. Auflage, 4. Druck 2020

Alle Drucke dieser Auflage sind inhaltlich unverändert
und können im Unterricht nebeneinander verwendet werden.

© 2011 Cornelsen Verlag, Berlin
© 2020 Cornelsen Verlag GmbH, Berlin

Das Werk und seine Teile sind urheberrechtlich geschützt.
Jede Nutzung in anderen als den gesetzlich zugelassenen Fällen bedarf der vorherigen schriftlichen Einwilligung des Verlages.
Hinweis zu §§ 60a, 60b UrhG: Weder das Werk noch seine Teile dürfen ohne eine solche Einwilligung an Schulen oder in Unterrichts- und Lehrmedien (§ 60b Abs. 3 UrhG) vervielfältigt, insbesondere kopiert oder eingescannt, verbreitet oder in ein Netzwerk eingestellt oder sonst öffentlich zugänglich gemacht oder wiedergegeben werden.
Dies gilt auch für Intranets von Schulen.

Druck: Athesiadruck GmbH

ISBN 978-3-06-450553-7

PEFC zertifiziert
Dieses Produkt stammt aus nachhaltig bewirtschafteten Wäldern und kontrollierten Quellen.
www.pefc.de